Dedicado a:

_____
_____
_____
_____
_____

Para: _____

De: _____

Fecha: _____

JOSE ZAPICO

METAVERSO
¿Sociedad Paralela o Trampa Sutil?

Nuestra Visión

Alcanzar las naciones llevando la autenticidad de la revelación de la Palabra de Dios, para incrementar la fe y el conocimiento de todos aquellos que lo anhelan fervientemente; esto, por medio de libros y materiales de audio y DVD

Publicado por
JVH Publications
11830 Miramar Pwky
Miramar, Fl. 33025
Derechos reservados

© 2022 JVH Publications (Spanish edition)
Primera Edición 2022
© 2022 Jose Zapico ©
Todos los derechos reservados.
ISBN 1-59900-167-5
© Jose Zapico. Reservados todos los derechos. Ninguna porción ni parte de esta obra se puede reproducir, ni guardar en un sistema de almacenamiento de información, ni transmitir en ninguna forma por ningún medio (electrónico, mecánico, de fotocopias, grabación, etc.) sin el permiso previo de los editores. La única excepción es en breves citas en reseñas impresas.

Diseño de la portada e interior: Esteban Zapico y Lidia Zapico
Correccion Tatiana Figueroa
Imágenes e ilustraciones: Usadas con permiso de Shutterstock.com.
Impreso en USA (Printed in USA)
Categoría: Profecía/Apostasía

Índice

Introducción — 7

Capítulo 1 — 15
El Metaverso Una Plataforma De Confusión

Capítulo 2 — 41
La Realidad Virtual Versus La Vida Real

Capítulo 3 — 65
¿Qué Es Un Avatar?

Capítulo 4 — 85
¿Qué Es La Iglesia Del Metaverso?

Capítulo 5 — 101
El Metaverso Una Plataforma Del Hombre De Iniquidad

Capítulo 6 — 117
La Religión de la IA

Capítulo 7 — 137
La Tecnología: La Moderna Torre de Babel

Capítulo 8   **155**
¿Qué es La Trascendencia y la Inmanencia?

Capítulo 9   **177**
El Misterio Revelado De La Iglesia

Capítulo 10   **193**
Desde Una Perspectiva Profética

Bibliografía   **215**

INTRODUCCIÓN

Los desafíos que ha traído para la Iglesia de Cristo la crisis global de la pandemia han puesto sobre la mesa los dilemas pastorales del momento: ¿se deben realizar cambios en la manera como realizamos nuestros servicios litúrgicos debido a la situación por la que el mundo atraviesa? Y si es así, ¿de qué manera estos deben producirse sin alterar la esencia del Evangelio? Lo que creemos es lo que determina la forma cómo adoramos a Dios.

La pandemia llevó a que los pastores pensáramos en la forma de seguir realizando los cultos y estuviéramos conectados con las personas predicando la Palabra y atendiendo sus necesidades. Eso llevó a replantearnos la manera de realizar los servicios y demás actividades semanales por los cambios que llegaron abruptamente. Muchos de nosotros seguimos transmitiéndolos vía *streaming*, y usamos el zoom para seguir dando las clases de discipulado y atendiendo las personas con necesidades de oración y consejería.
En muchos países las normas sanitarias obligaron a un confinamiento extremo y muchas

Iglesias que no estaban preparadas para conectarse con las personas de otra manera que no fuera presencial, tuvieron que cerrar. Cuando las normas permitieron que las Iglesias pudiéramos volver abrir, nos tocó entrar con la misma reglamentación que los lugares públicos: distanciamiento social, uso obligatorio de mascarillas y toma de temperatura.

La Santa Cena pasó a estar empaquetada y los bautismos tuvieron que esperar hasta que llegaran nuevos convertidos, pues los grupos de evangelismo en las calles menguaron.

El confinamiento trajo como consecuencia que se abrieran más espacios digitales, y que las personas empezaran a trabajar desde sus casas. La Iglesia entonces ha empezado a replantearse hasta qué punto se debe seguir usando esta dinámica virtual cuando ya hemos vuelto a congregarnos de manera presencial. El debate ético que está surgiendo a nivel eclesial es si se debe cambiar el servicio presencial a solamente virtual abrazando la idea del mundo del Metaverso.

Mis preguntas a este tema son, ¿está la Iglesia preparada para debatir este tema a la luz de la revelación de lo que dicen las sagradas Escrituras? ¿Los pastores estamos entendiendo lo que esto significa? ¿Entraríamos en este mundo de realidad virtual para que los miembros experimenten nuevas sensaciones y experiencias religiosas, por medio de avatares y juegos en línea? ¿Es esto lo que Dios nos mandó hacer?

La tecnología hizo posible que las Iglesias continuarán en los primeros e inciertos días de la pandemia a escala mundial; pero muchos no se dieron cuenta del entramado siniestro que se estaba gestando "detrás de bambalinas". De una manera casi imperceptible algunas Iglesias locales fueron adaptándose a la "nueva normalidad" y esta forma de hacer Iglesia empezó a debilitar el propósito, diseño y llamado de la Iglesia de Jesucristo en muchas de ellas.

Este es el motivo por el cual escribí este libro y el cual intentaré desglosar en los capítulos que encontrará a continuación. En el capítulo 1 explicaré lo que es el Metaverso y como fue creado para ser usado como una red de engaño sutilmente planificado. Ahondaré en el tema de lo que esto significa y presentaré los problemas que este refleja a la luz de lo que dice la Biblia y quién es el que finalmente controlará la ética que dirigirá esta plataforma.

En el capítulo 2 hablaré de cómo la realidad virtual afecta la vida real porque involucra la relación con Dios y demás personas y como cada cristiano - independientemente de su edad-, debe pensar bíblicamente en cada aspecto de su vida. Diversos estudios han planteado, por ejemplo, que el 63% de la población actual de los EE. UU. usa videojuegos y el jugador promedio tiene 35 años. Lo que ha llevado a que los jóvenes adultos vivan una "adolescencia prolongada", porque permanecen inmaduros y eso es contrario a la enseñanza bíblica donde la madurez y la sabiduría son determinantes.

En el capítulo 3 explicaré lo que es un avatar y su origen en las religiones paganas, y como este tema ha sido creado para traer confusión y engaño en la población, pues ha sido expuesto en los medios de comunicación de forma errónea. Muchas películas, por ejemplo, lo han propagado porque su finalidad es que cada vez más parte de la población partícipe de las creencias que promueve la Nueva Era.

En el capítulo 4 hablaré de lo que estos gurús de la tecnología quieren traer introduciendo a la Iglesia de Cristo en el Metaverso, en el que básicamente las personas serán llevadas a un mundo nuevo de existencia digital, donde serán liberadas de sus cuerpos, ubicaciones geográficas específicas y otras limitaciones humanas. Mi preocupación como pastor es que en toda esta incomprensión desatada a escala mundial con este tema; los siervos del Señor que tenemos un llamado a preparar a la novia de Cristo, nos aseguremos que el esfuerzo que hagamos por comunicar el Evangelio no sea reducido a nada menos de lo que es y es precisamente que la obra de Cristo consumada en la cruz, la redención y su sacrificio no sea en vano.

En el capítulo 5 explico una pregunta que muchos me han hecho, y es si ¿será el Metaverso una plataforma para el hombre de iniquidad? El Metaverso, es una manera sutil de ir acondicionando las mentes de las multitudes a vivir dentro de un mundo virtual tridimensional. Este mundo está lleno de avatares digitales en donde la gente no solo se reúne para jugar o gastar dinero, sino para tener experiencias religiosas. Esto evidente ha sido creado para preparar a la humanidad para lo que vendrá y lo que la Biblia ha descrito que se vivirá al final de los últimos tiempos en donde el Anticristo ganará control sobre gran parte de la humanidad, y millones perderán su identidad.

En el capítulo 6 hablaré de la religión del dios de la inteligencia artificial que, para sus creadores, es un ser principalmente inteligente, poderoso, y presente en todo lugar (siempre y cuando haya una conexión estable al internet) y que le llaman "lo que sea". Para ellos esta deidad sin emociones, llegará a decidir el destino de la humanidad y lo hará con base a cómo le cedan los humanos el poder. En otras palabras, este dios será poderoso a través del control. Y en el capítulo 7 explicaré así mismo, como la tecnología se ha convertido en nuestros tiempos en la moderna torre de babel con toda la base bíblica que nos da la revelación escritural de lo que dice Dios en su Palabra.

También en los capítulos de este libro abordaré el tema de la trascendencia e inmanencia como un concepto que se usa en las religiones, para explicar la condición de no estar conectado al mundo material, real y finito, sino, por el contrario, a lo inmaterial e infinito y cuyo término parece ser el más acertado cuando se habla de la condición de la humanidad actual.
En los capítulos finales, hablaré del misterio de la Iglesia, y cuál fue el plan creado por Dios desde el principio de la humanidad para que la Iglesia de Jesucristo fuera establecida en el momento oportuno, e hiciera parte de sus propósitos eternos. También explicaré lo que significa ser parte del cuerpo de Cristo, y como cada uno de sus miembros cumplen una función en la tierra y son importantes para el funcionamiento de este.

Y en el capítulo final abordaré el tema del Metaverso desde una perspectiva profética para dar una voz de alerta a la Iglesia de Cristo, ante el peligro que existe que muchas congregaciones caigan en la trampa del engaño que toda esta plataforma traerá para nuestras comunidades de fe. A lo largo de estas páginas le mostraré con bases bíblicas lo que Dios me ha llevado a estudiar acerca de este tema y a observarlo desde una perspectiva profética por medio de la revelación que traen las Sagradas Escrituras.

Es mi más profundo anhelo que la Iglesia de Cristo abra los ojos ante este engaño que está cerniéndose sobre la humanidad, y los pastores no caigamos en la confusión de llevar a nuestras congregaciones a estas plataformas que son la antesala de lo que el Anticristo y el nuevo orden mundial están planeando hacer para destruir la humanidad.

CAPÍTULO 1

El Metaverso: Una Plataforma de Confusión

El Metaverso: Una Plataforma de Confusión

Hay una tendencia que se ha puesto muy de moda y esa es: "Metaverso". Este es un concepto que se usa en el mundo virtual para referirse a un lugar imaginario en el que las personas se conectan a él por medio de una serie de dispositivos electrónicos, que los hacen creer que están dentro de un lugar que no existe y que pueden interactuar con los elementos ahí representados.

El **Metaverso**, que en griego significa: "Universo del más allá", es un concepto que denota la siguiente generación de Internet y que describe una experiencia inmersiva y multisensorial en el uso aplicado de diversos dispositivos y desarrollos tecnológicos en Internet.

Meta es igual a trascendente, y verso igual a universo. Meta en hebreo significa muerte; es un espacio híbrido entre lo físico y lo digital.

El Metaverso es un nuevo espacio tridimensional en el que se interactúa usando gafas de realidad aumentada que permite seguir presente en el mundo físico, pero con la particularidad de estar conectado a un Universo virtual.

Debido a que se trata de tecnologías relativamente nuevas, no existen estudios a largo plazo sobre las implicancias físicas y mentales de esta. Sin embargo, hay numerosas investigaciones que describen la ciber enfermedad, los mareos y malestares provocados por el prologando uso de pantallas o los diferentes dispositivos de realidad virtual.

La situación es que, tal como está sucediendo en estos momentos con el 5G, en la medida que progresivamente se está imponiendo progresivamente está revolucionando el mundo de las telecomunicaciones. Se están utilizando ondas del Espectro de frecuencia extremadamente alto (EHF) que ofrece velocidades elevadísimas y una gran capacidad en distancias cortas. Mientras que se hablaba de las velocidades del 4G en términos de Megabits 6, el 5G está logrando superar la barrera del 1 Gigabit SEA 1000 Megabits, aunque esto seguirá expandiéndose en niveles aún mayores ya que se habla acerca del 6G donde este podrá lograr velocidades que se midan en Terabits 1000 GIGABIT, sin pensar lo que será también el 7G.

El Metaverso: Una Plataforma de Confusión

La tecnología por satélite y las superficies inteligentes capaces de reflejar las señales electromagnéticas ofrecerán baja latencia y conectividad de varios gigabits incluso a partes del mundo a las que hasta ahora ha sido muy complicado o caro llegar con las redes móviles convencionales.

Por otro lado, mientras que el 5G ya permite sacar partido a la Inteligencia Artificial para la optimización, la ubicación de recursos dinámicos y el proceso de datos, la extremadamente baja latencia que tendrá el 6G, de menos de un milisegundo, y su arquitectura distribuida implicarán que el 6G podrá dar operatividad a una inteligencia integrada, llamada S.I.A, lo cual significa super inteligencia artificial, incluso que el 6G permitirá la llegada de una Inteligencia Artificial que será similar a la del cerebro humano, pero 1000 millones de veces, según declaraciones de los tecnólogos y teócratas.

Su velocidad más rápida, mayor capacidad y latencia más baja, liberarán a las aplicaciones de las limitaciones de la potencia de proceso en local, conectarán más dispositivos a la red y difuminarán las líneas que separan los mundos físico, humano y digital.

Así, en vez de hacer una videoconferencia, se podrá hablar con la gente en tiempo real a través de la realidad virtual, utilizando sensores, para que los usuarios de este tipo de sistemas tengan la sensación física de estar en la misma habitación que la persona con la que se habla.

Mientras, en China ya se ha lanzado un satélite 6G al espacio, y Samsung y Nokia están a la cabeza de los esfuerzos investigadores relacionados con el 6G en Corea del Sur y Europa, respectivamente. En Reino Unido, el principal proyecto relacionado con el 6G en la actualidad se están desarrollando en el Centro de Innovación 6G (6GIC) de la Universidad de Surrey. El nuevo estándar de comunicación será 50 veces más rápido que 5G y permitirá impulsar la Inteligencia Artificial (IA) y los vehículos autónomos.

Es de observar con sumo cuidado, las causas y efectos que podrán producir en la salud de cada personas, ya que son tecnologías de altas velocidades, conectadas para interactuar con cada usuario con grandes repercusiones de elevados niveles de radioactividad.

CONSECUENCIAS DE DAÑOS FÍSICOS:

Las personas que utilizan tecnologías inmersivas —como los visores de realidad virtual— pueden desorientarse en el entorno del mundo real y provocarse lesiones. Incluso podrían acostumbrarse a realizar acciones que no tienen consecuencias en el Metaverso, como saltar desde un segundo piso o caminar hacia el tráfico, con lo que podrían volverse insensibles a los riesgos del mundo real.

Es importante entender que cuando se interactúa en la realidad virtual, es fácil confundir al cerebro, donde no solo que no distingue entre lo verdadero y lo virtual, sino que inclusive, puede ser afectado, incluyendo los diferentes 5 sentidos de la persona.

SALUD MENTAL:

Debido a que se trata de tecnologías nuevas, no hay estudios a largo plazo sobre sus impactos físicos y mentales. Aunque los efectos secundarios varían entre personas, los juegos inmersivos pueden provocar depresión, aislamiento, comportamiento solitario e incluso violencia.

CONSENTIMIENTO DIGITAL:

No existen leyes ni jurisdicción legal en el Metaverso, ya que tampoco existen límites físicos ni fronteras. Por lo mismo, no hay una responsabilidad sobre las acciones, aunque hay un camino avanzado en cuanto a la regulación de las redes sociales.

SEGURIDAD DE DATOS

Debido a su naturaleza digital, las acciones en un escenario como un Metaverso se traducen en datos personales, biométricos, financieros e incluso emocionales, por lo que también surgen preocupaciones sobre su seguridad, confidencialidad y propiedad intelectual.

DATOS Y CIBERSEGURIDAD: IDENTIDAD

Cuando los avatares se utilizan como forma de identificación, la persona y los datos personales se vuelven susceptibles de ser copiados, robados, borrados o manipulados. Aunque la identificación biométrica podría ser una solución, la suplantación es otro de los riesgos.

¿Cuáles Son los Problemas del Metaverso?

1.-Una Falsa realidad:

En un futuro cercano las personas vivirán la falsa ilusión de ser alguien que no existe; es decir, un avatar. Este es un personaje digital creado por la computadora o un video juego que le dará al usuario que lo escoja, una nueva identidad virtual. ¿Puedes entender a este punto cuál sería el problema del avatar? ¿Te has puesto a pensar qué pasará cuando los hombres empiecen a interactuar con avatares de mujeres, animales, o transgéneros camuflados en un mundo de mentiras? De esto estaré hablando en el capítulo 3, titulado ¿Que es un avatar?

La idea del Metaverso es que dejes de ser quién eres para que te conviertas en lo que quieres ser.

¿Pero...bíblicamente hablando, eso es lo que Dios quiere para ti? En Cristo tienes una identidad verdadera que no puede ser alterada ni degradada, ni mucho menos trastocada por una imagen de identidad virtual.

El ser humano sólo encuentra su identidad en Cristo. En las cartas de Pablo dirigidas a las diferentes congregaciones, él menciona de una manera consistente y reveladora -unas 160 veces- la importancia de estar en Cristo.

Gálatas 4:19
Hijitos míos, porque les vuelvo a sufrir dolores de parto, hasta que Cristo sea formado en vosotros. RVR60

¡Oh, mis hijos queridos! Siento como si volviera a sufrir dolores de parto por ustedes, y seguirán hasta que Cristo se forme por completo en sus vidas. NTV

Pablo llevó a muchas personas a Cristo y las ayudó a madurar espiritualmente. Una razón por la que su ministerio era tan efectivo fue por la gran preocupación que él tenía como padre, por sus hijos espirituales. Pablo comparó los dolores de parto con el dolor que sintió a causa de la infidelidad de los nuevos creyentes. De manera similar, cada verdadero y fiel siervo/a de Dios debe interesarse por los que Dios puso a su cargo.

Cuando se lleva una persona a Cristo es necesario ayudarla a crecer en su fe, hasta que vayan madurando progresivamente.

2.-Transmite la vieja propuesta de Satanás, serás como Dios. Tú crearás tu propio universo.

Hay algo que une a la magia y sus consecuentes prácticas de tinieblas, con la ciencia aplicada; y esto a la vez las separa de la sabiduría correcta de las épocas anteriores.

La Biblia dice que las personas sabias se caracterizan porque buscan que su alma alcance los propósitos divinos, y esto se logra mediante el conocimiento, la disciplina personal y la virtud de la obediencia a los principios divinos.

Para las diferentes ramificaciones del ocultismo y la ciencia aplicada; la tecnología, es la consecuencia de cómo someter la realidad virtual a los deseos de los hombres; la solución es una técnica o sea la abolición del propio hombre, según el concepto del transhumanismo.

Los transhumanistas esperan ansiosamente el día en que el ser humano sea sustituido por un modelo mejor, más inteligente y que esté en mejores condiciones. Según sus propios conceptos, este hombre o mujer es llamado 2.0. Ellos lo ven como una reconstrucción del hombre en su totalidad, una integración total entre el hombre y la máquina.

La opción de Silicon Valley es la inmortalidad digital del alma o una pretendida pseudo eternidad, lo que significa la tendencia de una falsa promesa de vida eterna al final. (Podrás leer acerca de este tema de la pseudo inmortalidad, en el libro que hemos escrito titulado El Transhumanismo y La Genética)

Génesis 3:5 NTV
Sino que sabe Dios que el día que comáis de el, serán abiertos vuestros ojos, y seréis como Dios, sabiendo el bien y el mal. Dios sabe que, en cuanto coman del fruto, se les abrirán los ojos y serán como Dios, con el conocimiento del bien y del mal.

Adán y Eva aparentemente obtuvieron un conocimiento temporal acerca del bien y del mal.

Lamentablemente lo pudieron lograr a través del camino equivocado y el resultado fue que la ruina y la destrucción llegaron a sus vidas y su descendencia.

¿Con cuánta frecuencia los humanos tienen la ilusión de pensar que el ser libre significa hacer lo que ellos desean o apetezcan en su propia naturaleza caída?

Sin embargo, Dios dice que la verdadera libertad proviene de la obediencia y de saber lo que debes y no debes hacer. Los límites y parámetros que Él te dio son para tu propio beneficio y te ayudará a evitar el mal.

No escuches la voz del engaño y la mentira de Satanás, no es necesario que hagas lo malo para obtener mayor experiencia y aprender más acerca de la vida.

Satanás utilizó un plan bien elaborado para tentar a Eva: ¡Serás como Dios!

2 Corintios 11:3
Pero temo que como la serpiente con su astucia engaño a Eva, vuestro sentido sea de alguna manera extraviados de la sincera fidelidad a Cristo. RVR60

Pero temo que, de alguna manera, su pura y

completa devoción a Cristo se corrompa, tal como Eva fue engañada por la astucia de la serpiente. ᴺᵀⱽ

Satanás les dijo que ellos podrían ser como Dios al desafiar la autoridad y tomar el lugar del Señor; al Eva decidir por sí misma lo que era mejor para su vida, se convertiría en su propio dios.

Llegar a ser como Dios, no es lo mismo que tratar de ser dios, lo primero significa reflejar las características de Dios y reconocer su autoridad sobre su propia vida. Puedes tener objetivos y metas dignas, más la exaltación de ti mismo conduce a una rebelión declarada contra Dios mismo como le sucedió a Eva.

Tan pronto como comienzas a sacar a Dios de tus planes, te estás colocando a ti mismo por encima de Él. Y eso es exactamente lo que el enemigo intenta que tú hagas.

La serpiente antigua, logró hacer pensar a Eva - y por referencia doble a Adán-, que el pecado era bueno, placentero y deseable. A ellos, el conocimiento del bien y del mal, les parecía inofensivo. Eva perdió el rumbo y la dirección correcta por escuchar a la serpiente; tú también puedes perder el tuyo al permitir que tu vida entre en la confusión y el engaño.

Infortunadamente esta concepción errada de lo que es verdad y lo que es mentira está generalizada en el mundo entero. Las personas deciden hacer lo malo, pero en su corazón están convencidas que están actuando correctamente. Es de vital importancia entender que los pecados temporales son los más difíciles de evitar. Si un creyente no está preparado para batallar con la tentación, podrá caer fácilmente en sus garras de seducción porque hay mucha ceguera espiritual.

Observa con atención lo que Eva realizó: **Miró, tomó, comió y dio.** La tentación en la mayoría de las veces comienza simplemente cuando miras algo que deseas. ¿Estas luchando con la tentación porque no has aprendido que mirar es el primer paso hacia el pecado?

Igual que a Adán y Eva cuántos en esta hora están cayendo presos de las mentiras y engaños del sutil adversario, permitiendo que caigan cuesta abajo. El resultado trágico sería el abandono de su devoción y fidelidad a Cristo, para favorecer una práctica o doctrina equivocada por el declive de una tendencia que hace parte de la sociedad que te rodea.

3.- ¿Quien controlará la ética del Metaverso?

Si hoy existen millones de personas que

consumen horas de contenido en las redes sociales y en todo tipo de plataformas digitales y virtuales; piensa lo que sucederá con el mundo del Metaverso, que es la combinación de la realidad virtual con la realidad extendida o aumentada.

La Internet ha sido capaz de crear fuerzas irresistibles, en donde hay un sin número de video juegos, redes sociales y plataformas de transmisión (*streaming*) que propagan la pornografía en vivo y en directo, con toda clase de inmoralidad y perversión de todo tipo.

Sin duda, una súper Internet mejorada e inmersiva, con la rapidez de la interconexión del 5 G -que luego sería 6 y luego 7 G-; tendría el poder de absorber vidas enteras en un mundo de distracción en el que las personas no serán lo suficientemente fuertes para alejarse voluntariamente del entretenimiento, el control y la manipulación.

Piensa en lo que corre por medio de todas estas redes interactivas: todo sería una realidad aumentada tan similar a Matrix que muchos pensarían que no valdría la pena salir de ella. Para millones de personas esto se convertiría en una adicción perniciosa, de la cual no podrían salir y los llevaría cuesta abajo en un descenso vertiginoso.

La Biblia advierte acerca de lo que produce este nuevo instrumento que es una combinación entre la realidad virtual y la realidad extendida, y el peligro que esto conlleva por la connotación espiritual de las redes de tinieblas que esto representa.

Job 18:8
Los malos quedan atrapados por una red; caen en el pozo.

Salmos 10:9
Como leones agazapados en sus escondites, esperan para lanzarse sobre los débiles. Como cazadores capturan a los indefensos y los arrastran envueltos en redes.

Salmos 140:5
Los orgullosos tendieron una trampa para atraparme; extendieron una red; colocaron trampas a lo largo del camino.

Salmos 141:10
Que los perversos caigan en sus propias redes, pero a mi, déjame escapar.

Isaías 24:17
Terror, trampas y redes serán su suerte, gente de la tierra.

Jeremías 48:44
Los que huyan en terror caerán en una trampa, y los

que escapen de la trampa serán apresados por una red.

Habacuc 1:16-17 NTV
Entonces adorarán a sus redes y quemarán incienso frente a ellas. «¡Estas redes son los dioses que nos han hecho ricos!», exclamarán. ¿Permitirás que se salgan con la suya para siempre? ¿Tendrán siempre éxito en sus conquistas despiadadas?

El Apóstol Pablo advierte:

Romanos 3:12-13 RVR1960
Todos se desviaron, aún así se hicieron inútiles; no hay quien haga lo bueno, no hay ni siquiera uno.

Romanos 3:12-13 NTV
Todos se desviaron, todos se volvieron inútiles, no hay ni uno que haga lo bueno, ni uno solo. Lo que hablan es repugnante, como el mal olor de una tumba abierta. Su lengua está llena de mentiras. Veneno de serpientes gotea de sus labios.

El significado básico de la palabra *desviarse* es inclinarse en la dirección equivocada. En griego se utilizaba para describir a un soldado que corría en la dirección equivocada o que desertaba. Todos los hombres o mujeres están inclinados a dejar el camino de Dios y procuran caminar por el suyo propio.

...Lo que hablan es repugnante, como el mal olor

de una tumba abierta... Los sepulcros no solo se mantenían cerrados por respeto al difunto, sino para ocultar el cadáver y evitar el hedor de su descomposición.

Así como una tumba no cerrada permite que quienes pasen vean lo que contiene y puedan oler el hedor de la descomposición, la garganta de un hombre no regenerado se abre para decir las palabras inmundas y fétidas que salen de ella, la cual revela la putrefacción de su propio corazón.
Esto demuestra que debido a que los humanos fallan, deben recurrir a Cristo para que les salve y los transforme.

Salmos 14:3-4
Todos se desviaron, aún se han corrompido; no hay quien haga lo bueno, no hay ni siquiera uno. ¿No tienen discernimiento todos los que hacen iniquidad, que devoran a mi pueblo como si comiesen pan, y a Jehová no invocan?

Este Salmo comunica que nadie es perfecto, excepto Dios.

Todos son culpables ante Él y necesitan su perdón. No importa lo que muchos puedan hacer, ni cuanto logren sobrepasar a los demás; nadie puede jactarse de ser bueno de acuerdo con sus obras. Dios espera que obedezcas sus principios y su Palabra, y que además lo ames de todo tu corazón.

Los seres humanos por su propia naturaleza caída son corruptos y todo lo que crean lleva impreso la genética de la corrupción; si crean un universo virtual, será tan imperfecto como la suma de todas las imperfecciones de ellos mismos.

Nuevos delitos, nuevas formas de fraude, nuevas formas de pecar, un espacio donde ni las leyes de la física, ni los parámetros de la decencia y moralidad pueden intervenir. ¿Quién lo podrá controlar?

Recuerda esto, las nuevas tecnologías sin Dios son como la torre de Babel en el libro de Génesis.

4.-El plan de Dios incluye la interacción social entre individuos, que vivamos en comunidad, incluso ese es el propósito de la iglesia, pero en el Metaverso la interacción virtual sobrepasará a la social.

La sensación de presencia imaginaria es la cualidad que define el Metaverso. Sus creadores dicen que sentirás que convives con otras personas en universos paralelos. Será toda una experiencia digital inmersiva.
Si algo ha quedado demostrado desde el año

2020 hasta el tiempo presente, es que nada se iguala a poder compartir juntos y vivir en comunidad. Estar con otros hermanos en la misma fe, tener armonía espiritual, mirarnos a los ojos e interactuar juntos; abrazarnos y darnos un fuerte apretón de mano. La tecnología no podrá nunca reemplazar el calor humano y el sentido de fraternidad cuando estamos los unos con los otros.

Por ejemplo, cuando nos abrazamos y sentimos la cercanía del otro sobre nuestro hombro, y lloramos juntos buscando la presencia de Dios, es cuando entendemos lo que la Biblia dice, que mejor son dos que uno.

1 Corintios 12:12-13
Porqué, así como el cuerpo es uno y tiene muchos miembros, pero todos los miembros del cuerpo, siendo muchos, son un solo cuerpo, así también Cristo. Porque por un solo Espíritu fuimos todos bautizados en un cuerpo, sean judíos o griegos, sean esclavos o libres; y a todos se nos dio a beber de un mismo Espíritu.

El apóstol Pablo compara el cuerpo de Cristo con un cuerpo humano. Cada parte tiene una función específica que es necesaria para el cuerpo en su totalidad. Las partes del cuerpo son diferentes, tienen un propósito particular y deben trabajar juntas a pesar de sus diferencias.

Los cristianos tienden a cometer dos errores comunes:

    a.- Sentirse orgulloso de sus capacidades.
    b.- Pensar que no tienen nada que ofrecer a sus hermanos en la Fe.

En lugar de compararte con otros, deberías usar los diferentes dones que Dios te dio, para difundir la buena noticia de salvación.

5.- Las falsas promesas de salvación.

Los que están detrás de la creación del Metaverso, dicen que vivir en este mundo virtual te salvará de la condena de la realidad y del sufrimiento del mundo material; esto es un concepto totalmente platónico, es decir es un pensamiento que viene del mundo de las ideas.

¿Acaso eso no es lo que logra experimentar un fiel cristiano, pero no como una idea más o algo virtual; sino como una realidad tangible y verdadera?

---

1 Corintios 15:54 RVR1960

Y cuando esto corruptible se haya vestido de incorrupción, y esto mortal se haya vestido de inmortalidad, entonces se cumplirá la palabra que está escrita: Sorbida es la muerte en victoria.

1 Corintios 15:54 NTV

Entonces, cuando nuestros cuerpos mortales hayan sido transformados en cuerpos que nunca morirán, se cumplirá la siguiente escritura: la muerte es devorada en victoria. ¿Oh muerte, dónde está tu victoria? Oh muerte, ¿dónde está tu aguijón?

Aparentemente pareciera que Satanás salió vencedor no solo en el jardín del Edén, sino cuando Jesús murió en la cruz. Pero Dios cambió la aparente victoria de Satanás en derrota total, cuando Jesucristo resucitó de los muertos. La muerte ha dejado de ser una fuente de miedo y pavor. Cristo la venció, y un día, tú lo harás por medio de Él. La ley sólo te podía declarar culpable y pecador, pero hoy gracias al sacrificio de Jesús en la cruz, estás perdonado, y eso hace que tu corazón sólo anhele obedecerle y amarle.

La muerte ha sido vencida y tienes una esperanza que va más allá de la tumba. La certeza de que Cristo ya ha pagado la victoria final debería afectar la forma en que vives en el presente y la seguridad por medio de la fe de lo que te aguarda en el futuro.

Recuerda que solo su obra -sí, solo su obra-, tendrá resultados eternos, tangibles y verdaderos en tu vida. Serás consciente de una gloriosa y sublime realidad donde no perderás tu verdadera identidad y tendrás tú mismo cuerpo, pero transformado por el poder de la misma gloria de Dios. Un cuerpo inmortal y eterno, incorruptible y perfecto.

La tierra también será transformada. Ella será reconstruida pero no de forma virtual, sino de lo que ya está hecho. Será purificada y limpiada con fuego.

Muchos tecnólogos en el poder y en la manipulación de la teocracia dicen lo siguiente: "Todos nuestros inventos no son más que medios mejorados para fines no mejorados". Lo triste y preocupante es que los avances tecnológicos han cambiado históricamente la forma de ver a Dios, en millones de personas.

Muchos han aceptado la propuesta del **Deísmo,** una doctrina que se remonta a la antigua Grecia y cuyo apogeo tuvo lugar al final del siglo XVII. Ellos reconocen a Dios como autor de la naturaleza, pero sin admitir, ni su revelación, ni culto externo. Los deístas no admiten la intervención de Dios en los actos humanos y orientan su conducta a partir del pensamiento racional y de la ética vinculada a su propia conciencia. Por eso es que rechazan los principios divinos enseñados en las Sagradas Escrituras. El deísmo no está de acuerdo con las afirmaciones más importantes de la fe cristiana y la cuestionan una y otra vez ante la falta de respuestas satisfactorias por parte de sus dogmas. Algunas de las características propias de las personas deístas son las siguientes:

- No aceptan que la existencia de Dios haya sido representada o explicada completamente en las Sagradas Escrituras.

Para reflexionar acerca de las características de Dios utilizan la razón y no permiten que una doctrina les imponga según ellos, una serie de conceptos inamovibles. Con respecto a la ética, intentan guiarse por su propia conciencia y razonamiento a la hora de tomar decisiones importantes, en lugar de seguir reglas o principios establecidos, por la Palabra de Dios.

- Buscan la espiritualidad por caminos espontáneos e inexplorados a diferencia de quienes adoptan una fe verdadera en Dios.

- No suelen autodenominarse cristianos, sino que prefieren el término espirituales para describir su relación con Dios.

La salvación del Metaverso es como meter la inmundicia y la suciedad debajo de la alfombra, pero el ambiente se irá saturando y degradando con un olor de putrefacción y contaminación.

La Salvación de Cristo es lavar totalmente la alfombra y limpiar completamente el suelo.

Al final el Metaverso es el fracaso del hombre ante el mundo real que niega el principio divino en el cual Dios creó al hombre y la mujer, desvirtuando por completo, lo que establece la Palabra de Dios en Génesis, acerca de la creación de estos, a tal punto de ser considerada como corona de la creación, a imagen y semejanza de Dios.

CAPÍTULO 2

La Realidad Virtual Versus La Vida Real

1 Corintios 14:20 NTV

Amados hermanos, no sean infantiles en su comprensión de estas cosas. Sean inocentes como bebes en cuanto a la maldad, pero maduros en la comprensión de asuntos como estos.

1 Corintios 14:20 RVR1960

Hermanos, no seáis niños en el modo de pensar, sino sed niños en la malicia, pero maduros en el modo de pensar.

La mayoría de los creyentes en Corinto eran lo opuesto a lo que Pablo describe en esta exhortación. Tenían demasiada experiencia en la maldad y les faltaba en gran medida la sabiduría.

La madurez y el entendimiento son esenciales para una comprensión y uso adecuado de los dones.

El apóstol pidió a sus lectores que dejaran a un lado sus emociones y sus experiencias de índole natural -al igual que los deseos de la carne y el orgullo-; para pensar con detenimiento en el propósito verdadero por el cual habían sido llamados.

Pero mientras continúas leyendo, permíteme hacerte algunas preguntas:

- ¿En algún momento de tu vida llegaste a jugar un videojuego?

Ya sea en una computadora, PlayStation, lo que significa Estación de Juego, y muchos otros más.

- ¿Cuántas horas al día le dedicabas a aquel videojuego?

Multiplica esas horas por siete y sabrás cuántas horas le dedicaste a la semana, después multiplícalo por cuatro para que sepas cuántas horas le dedicaste al mes y finalmente al multiplicarlo por 12, sabrás cuanto tiempo del año invertiste en un entretenimiento que nada te ha servido ¿No crees que pudiste aprovechar ese tiempo en algo mucho más provechoso?

- ¿Porque tiendes hacer lo incorrecto con tanta facilidad?

- ¿Qué beneficio sacaste de esas horas dedicadas al videojuego? ¿Dinero?

- ¿Desarrollaste tu carácter o alguna habilidad que te sirviera para la vida real?

- ¿Esta práctica te ayudó a fomentar o

desarrollar tus relaciones sociales?

- ¿Has considerado que todo en exceso es dañino?

Esto es algo que ya deberías saber con anticipación. Cada cristiano, independientemente de su edad, debe pensar bíblicamente en cada aspecto de su vida.

Antes de mostrarte como la realidad virtual afecta tu vida real (involucra tu relación con Dios y las demás personas), quiero que leas las siguientes encuestas:

Pew Internet & American Lite Project y su cuerpo de expertos independientes que informa al público sobre las cuestiones, actitudes y tendencias que perfilan a EE. UU. y al mundo- exponen cómo los videojuegos han alcanzado el clímax máximo de influencia entre, los niños, adolescentes y jóvenes.

En una encuesta realizada vieron que el 97% de los jóvenes encuestados dijeron que usaban videojuegos. De este porcentaje, el 99% eran hombres y el 94% mujeres.

Otra encuesta realizada por NPD Group - empresa investigadora del mercado global- llegó a la conclusión, que el 63% de la población actual en EE. UU. usa videojuegos; el jugador promedio tiene 35 años y ha estado jugando consecutivamente por 13 años.

También un estudio británico encuestó a siete mil jugadores y encontró que el 12% de ellos reunía los criterios necesarios para ser clasificado con conductas adictivas.

Por ejemplo, *World of Warcraft el arte de la guerra*; es un videojuego que fue usado por un jugador promedio durante 17 horas semanales. Ese es el tiempo equivalente a un trabajo a tiempo parcial.

Entonces, esa preocupante popularidad de los videojuegos justifica una evaluación seria y responsable desde una perspectiva bíblica, sobre el papel que se desarrolla en la vida de quienes los juegan.

Una verdadera y transparente cosmovisión bíblica nos lleva a analizar con sabiduría el tema de los videojuegos en tres aspectos:

    1.- la madurez en la realidad.
    2.- la eternidad.
    3.- la pureza.

1. La madurez en la realidad

Una frase citada por los jugadores que pierden

el tiempo es la siguiente:

"No dejamos de jugar porque envejecemos, nos ponemos viejos porque dejamos de jugar"

Pero la realidad es que los jóvenes y adultos que pasan todo el tiempo jugando no es que se mantengan jóvenes; ellos permanecen inmaduros y eso es contrario a la enseñanza bíblica donde la madurez y la sabiduría son determinantes.

No es raro escuchar que jóvenes adultos entre los 18 y 35 años, padecen una "adolescencia prolongada", viviendo aún en casa de sus padres e incrementando una tendencia que va en aumento desde los últimos treinta años.

Dentro de las investigaciones sociológicas que se han hecho al respecto, se ha determinado que uno de los factores que va ligado a esta tendencia -y que influye que la adolescencia se prolongue más allá de su periodo normal-, son los videojuegos.

Los jóvenes huyen de las responsabilidades de la edad adulta sin considerar que sus días de juego tienen que finalizar, para tomar las responsabilidades que van acorde con la madurez como es el hecho de estudiar una carrera, o casarse y formar una familia.

1 Corintios 16:13 NTV

Estén alerta. Permanezcan firmes en la fe. Sean valientes. Sean fuertes.

1 Corintios 16:13 RVR1960

Velad, estad firmes en la fe; portaos varonilmente, y esforzaos.

El Apóstol Pablo les indico a los corintios lo siguiente:

A. Estén alerta: Ellos debían estar constantemente atentos y vigilantes para que ningún enemigo espiritual, ni las consecuencias de la naturaleza pecaminosa como las divisiones, el orgullo, el desorden, o el entretenimiento distorsionado, se infiltraran en su vida espiritual para debilitarlos o confundirlos.

B. Permanezcan firmes en lo que han creído: El Apóstol Pablo les reafirma que deben seguir creyendo en los fundamentos firmes del Evangelio -en los cuales fueron instruidos desde el principio-, para que no se aparten de la verdad.

C. Sean valientes para perseverar: La exhortación va dirigida a estar enfocados en lo que es justo y verdadero, para que puedan hacer frente a todo lo que provenga del enemigo, sin ceder al pecado y no permitiendo que nada los desvié de lo que es correcto y verdadero.

D. Sean fuertes: Con la fuerza que les da el Espíritu Santo.

De acuerdo con estos conceptos, se concluye que la madurez en la vida cristiana implica crecer en la semejanza de Cristo, en sabiduría, en convicción, en servicio, en dominio propio, en fidelidad y en abrazar las responsabilidades establecidas para cada hijo de Dios y que están establecidas en las Sagradas Escrituras.

Queda claro entonces que los videojuegos son un freno que impide la madurez de la persona, sea esta creyente o no. Un jugador asiduo de uno de estos juegos tomará el papel de héroe, pero en la vida real no sabrá que es el honor, no conocerá los valores y no entenderá lo que realmente agrada a Dios.

Los adolescentes son disciplinados para jugar todo el tiempo que se necesite con el deseo de alcanzar el siguiente nivel; sin embargo, en la vida real carecen de la disciplina necesaria para desarrollar actividades de su rutina diaria.

Los videojuegos no preparan a las personas para la realidad. **El personaje o avatar tras la pantalla es un ser imaginario y no es nada de lo**

que la persona realmente es en la vida real (en un capítulo posterior estaremos hablando que es un avatar). En la vida real tu eres un cristiano salvado y redimido por Cristo para hacer de tu vida algo muy diferente de lo que se hace en un mundo de fantasía digital. Los videojuegos interfieren cada vez más en tu capacidad para atender las prioridades y las responsabilidades de la vida diaria. Una persona asidua a este tipo de juegos puede descuidar su familia, trabajo, estudios, amigos e incluso su propia salud por un mundo de realidad virtual que no existe sino en el mundo imaginario de la fantasía. Si analizas, este tipo de comportamientos adictivos puede volverse en un futuro un problema de salud mental; eso sin dejar a un lado que es un acto pecaminoso.

Esta vida no es un juego y tampoco lo es la vida futura. Cristo es real. La realidad del futuro juicio de Dios y la eternidad no es ficción electrónica, no es realidad virtual; ni tampoco realidad aumentada o extendida.

2. La eternidad

Todos los juegos consumen tiempo, desde los videojuegos más complejos de computadora hasta los juegos de aplicación del celular. Es más, puedes estar perdiendo horas valiosas dentro de los videojuegos y estar descuidando tu eternidad o la de las personas en tu entorno.

Puedes ser capaz de burlar a dragones electrónicos y salvar damiselas digitales en peligro, pero al mismo tiempo descuidas a tus amigos, vecinos y familiares que están atrapados en las garras del dragón, la serpiente antigua, llamada diablo. Analiza qué estás haciendo para ser un instrumento en sus vidas, que los lleve a salvarlos de aquel peligro de condenación eterna que es muy real.

Cuando se dedican grandes cantidades de tiempo al día a tales entretenimientos; significa que estás desperdiciando gran parte de tu vida, en lo más importante que es buscar el Reino de Dios y su justicia...

Recuerda que el tiempo usado en ese tipo de actividades se ha perdido para siempre y no se puede volver a utilizar para las cosas que valen. La Palabra de Dios nos enseña que el tiempo es importante en la forma en cómo lo utilizamos.

Salmos 39:4 RVR1960
Hazme saber, Jehová, mi fin, Y cuanta sea la medida de mis días; Sepa yo cual frágil soy. RVR60

Salmos 39:4 NTV
Señor, recuérdame lo breve que será mi tiempo sobre la tierra. Recuérdame que mis días están contados,

y cuan fugaz es mi vida.

No importa cuantos años peregrines por esta tierra, la vida es corta, no descuides lo más importante de ella. La brevedad de la vida es un tema que puedes encontrar leyendo en los libros de los Salmos, Proverbios y Eclesiastés.

Jesús también habló de ello en Lucas 12:20-21 diciendo:

> Pero Dios le dijo: Necio, esta noche vienen a pedirte tu alma; y lo que has provisto, ¿De quién será? Así es el que hace para así tesoro, y no es rico para con Dios.

Es lamentable que la gente pase tanto tiempo asegurando su vida en la tierra, pero tan poco, o nada, considerando donde pasará la eternidad. El rey David se dio cuenta que las muchas riquezas y el trabajo laborioso aquí en la tierra no tendría ningún valor en la eternidad. Pocas personas comprenden que su única esperanza se encuentra en Dios.

No desperdicies tu tiempo en algo que no tiene un valor duradero; mejor ocupa esas horas en trabajar, orar, leer, servir, confraternizar, evangelizar o simplemente meditar en la Palabra de Dios.

Efesios 5:15-17 RVR1960

¹⁵ Mirad, pues, con diligencia cómo andéis, no como necios sino como sabios, ¹⁶ aprovechando bien el tiempo, porque los días son malos. ¹⁷ Por tanto, no seáis insensatos, sino entendidos de cuál sea la voluntad del Señor.

Efesios 5:15-17 NTV

¹⁵ Así que tengan cuidado de cómo viven. No vivan como necios sino como sabios. ¹⁶ Saquen el mayor provecho de cada oportunidad en estos días malos. ¹⁷ No actúen sin pensar, más bien procuren entender lo que el Señor quiere que hagan. NTV

Debido a la abundancia de la maldad, Pablo comunica la urgencia del asunto al describir la época en la que le tocó vivir con la expresión "estos días malos". Tú necesitas ese mismo sentido de urgencia porque estos días son igualmente difíciles. Debes mantenerte dentro de las normas de la conducta que la Biblia aconseja; actuar con sabiduría y aprovechar todas las oportunidades para hacer el bien y compartir tu fe en Cristo con aquellos que no le conocen.

El punto expuesto por el Apóstol Pablo no habla de la gestión del tiempo en términos de una mejor programación; sino de la gestión de la vida, en términos de sacar el máximo provecho de cada oportunidad para honrar, servir y adorar a Dios.

Debes usar el tiempo sabiamente; es una cuestión de mayordomía. No hay que olvidar que tu vida no te pertenece, pertenece a Cristo.

3. La pureza

Y en cuanto a la pureza, basta con fijarnos en el tipo de contenido que presentan los videojuegos y todo lo que tenga que ver con la realidad virtual, aumentada o extendida.

Los videojuegos más populares están clasificados "M"; es decir, que su contenido es inapropiado para niños y adolescentes. Sin embargo, en una encuesta realizada hace poco se encontró que la mitad de los adolescentes indicaron que los juegos clasificados como "M" son uno de sus favoritos.

Existen muchos juegos con mucha popularidad que en la actualidad goza de ser muy realista porque su contenido presenta:

- Sangre
- Violencia intensa
- Lenguaje fuerte
- Drogas y alcohol
- Contenido sexual
- Desnudos parciales

En este juego, el jugador gana puntos a medida que asesina, roba, engaña, codicia, solicita favores sexuales y a la vez evita que la policía lo atrape.

Lo sorprendente, es que, uno de los creadores de este juego, Lazlo Jones, dijo: *"Si usted deja a su hijo que use este juego, usted es un mal padre".*

Pablo te dice de lo que debes de cuidarte:

Efesios 5:3-8 RVR60

³ pero fornicación y toda inmundicia, o avaricia, ni aun se nombre entre vosotros, como conviene a santos; ⁴ ni palabras deshonestas, ni necedades, ni truhanerías, que no convienen, sino antes bien acciones de gracias. ⁵ Porque sabéis esto, que ningún fornicario, o inmundo, o avaro, que es idólatra, tiene herencia en el reino de Cristo y de Dios. ⁶ Nadie os engañe con palabras vanas, porque por estas cosas viene la ira de Dios sobre los hijos de desobediencia. ⁷ No seáis, pues, partícipes con ellos. ⁸ porque en otro tiempo erais tinieblas, mas ahora sois luz en el Señor; andad como hijos de luz.

Los cuentos obscenos y los chistes groseros son tan comunes que ya muchos están acostumbrados a escucharlos. Sin embargo, las Escrituras dicen que como cristianos, el vocabulario vulgar no debe formar parte de nuestras conversaciones por qué no reflejan la grata presencia de Dios en la vida.

Si continuamente hablas mal, dices groserías o prestas oídos a lo que no le agrada a Dios, ¿Cómo puedes alabarlo o estar dispuesto para oír su voz o hablar a los demás de su bondad?

Observa con cuidado que Pablo por medio de estos textos bíblicos, está condenando el estilo de vida de quienes justifican sus maldades e incitan a otros que las hagan. Tales personas pronto contaminan a otros y ponen en peligro su unidad y propósito por la cual han sido llamados.

Debes de tener sumo cuidado con las personas que son extremadamente malas e inmorales, o que se oponen a todo lo que el cristianismo enseña. Es posible que esas personas te influyan a actuar de manera incorrecta en lugar de que ellas sean influenciadas por ti en hacer el bien.

Como un verdadero cristiano que cuentas con la luz del Señor, tus acciones deben reflejar tu verdadera fe. Debes llevar una vida moralmente intachable para que otros vean la bondad de Dios reflejada en ti.

Aunque es importante que evites las obras inútiles de la maldad y la oscuridad; es decir cualquier placer o actividad que resulte en pecado, lo que debes hacer es confrontarlos a luz, porque tu silencio podría ser interpretado como aprobación. Dios quiere que sus fieles hijos defiendan con amor lo que es correcto y verdadero.

Es notorio como Pablo exhorta a los creyentes a que despierten y se den cuenta de la peligrosa condición en la que algunos de ellos estaban cayendo en Éfeso, debido a la abundancia de la maldad. Por tal motivo, él comunica la urgencia del asunto al describir esta época como *"estos días malos"*.

Debes de tener cuidado con las tentaciones a las que te expones al momento de buscar entretenimiento; evita por todos los medios descender al mundo oscuro de la realidad virtual extendida. La pureza debe de ser una prioridad en todos los aspectos de la vida de un cristiano, incluyendo los videojuegos y con cuánta más razón cuando tiene que ver con la realidad virtual en combinación con la realidad aumentada o extendida que promueve la inmersión dentro del universo paralelo del Metaverso. Antes de sumergirte en el concepto tecnológico de la realidad virtual, observa que tipo de contenido es el que ofrece y pregúntate si ese contenido no afecta tu pureza emocional, sexual y cognitiva.

Si eres de aquellos que está sumido en los

videojuegos con contenido dañino para tu salud mental, emocional y sexual; pulsa la tecla escape para abandonar esa actividad. Si eres alguien que entiende que ya estás en una adicción, necesitas tomar medidas radicales.

Si eres padre o madre, observa más de cerca qué tipo de videojuegos de realidad virtual juegan tus hijos en casa para su entretenimiento, porque esto es un puente para ser atraídos y seducidos al plan adictivo del Metaverso. Recuerden que han sido llamados a vivir una verdadera realidad en Cristo que es perdurable y eterna.

Identidad Virtual Vs. Identidad Real

Juan 8:14 RRV1960
Respondió Jesús y les dijo: Aunque yo doy testimonio acerca de mí mismo, mi testimonio es verdadero, porque sé de dónde he venido y a dónde voy; pero vosotros no sabéis de dónde vengo, ni a dónde voy.

Jesús era una persona consciente de dónde venía y a dónde iba.

Mateo 16:17 RRV1960
Entonces le respondió Jesús: Bienaventurado eres, Simón, hijo de Jonás, porque no te lo reveló carne ni sangre, sino mi Padre que está en los cielos.

Este pasaje bíblico muestra que Jesús sabía bien quién era, ¿por qué? Porque mientras mantenía una conversación con sus discípulos les preguntó quién decía la gente que era Él, entonces los discípulos le respondieron que algunas personas señalaban que era Jeremías, otros que era Juan el Bautista, otros pensaban que era Elías. Y el Señor les pregunta:

Mateo 16:16. RRV1960
Y vosotros, ¿quién decís que soy yo? Respondiendo Simón Pedro, dijo: Tú eres el Cristo, el Hijo del Dios viviente.

Entonces Jesús le dijo: Bienaventurado eres Pedro porque este conocimiento no te fue dado de la opinión de la gente, sino que es la revelación de mi Padre que está en los cielos.

Jesús sabía bien que Él era el Hijo del Dios viviente tal como lo dijo Pedro. Si le preguntas a Jesús quién es, Él te responderá: Yo soy el Cristo, el hijo del Dios viviente. Yo sé bien quién soy.

Quién sabe quién es, sabe a qué ha venido al mundo, qué tiene que hacer y cuál es su objetivo en la vida.

Es importante que conozcas tu identidad.

Lo que tú piensas de ti mismo puede limitar las posibilidades de lo que debes o puedes hacer. Muchas veces se puede tener una identidad virtual, o sea, una idea errada de lo que realmente eres y cuando sucede esto estas limitado en cuanto a saber para qué existes y cuál es el verdadero propósito de Dios en tu vida y qué debes hacer para alcanzarlo.

¿Mi identidad tiene que ver con lo que yo pienso que soy o por lo que las personas piensan que soy?

La verdadera identidad no es nada de eso.

Recuerda que todos opinaban algo diferente en cuanto a quién era Jesús, sin embargo, ¿era Jesús Elías o Jeremías? ¡No, no era ninguno de ellos! Él tenía una identidad que no venía dada por lo que pensaba la gente.

El Señor le respondió: Bienaventurado eres Pedro, porque esto no te lo reveló carne ni sangre, no es la opinión de la gente, esto te lo ha revelado mi Padre que está en los cielos.

El tema de la identidad se ha convertido en un problema serio; por eso, cuando las personas nacen se las registra inmediatamente; todos los países tienen un registro porque es importante identificarlas y que éstas tengan su identidad.

El verdadero origen de la identidad viene por medio de Jesucristo.

Por lo tanto existe un origen virtual o un origen real. Muchos creen que venimos del mono o de la materia. Cuando la Biblia dice que Cristo dio su vida por nosotros y nos rescató derramando su sangre preciosa en la cruz del calvario, Él nos dio vida. Cuando las personas tienen un encuentro con Cristo, se encuentran con su verdadero origen, con su verdadera identidad.

Dios le dijo al profeta Jeremías: Antes que te formase en el vientre te conocí, y antes que nacieses te santifiqué, te di por profeta a las naciones. Jeremías 1:5.

Te invito para que puedas leer y meditar en la gran verdad de la Palabra de Dios, que afirman tu verdadera identidad como cristiano, por medio de los siguientes textos bíblicos:

- Salmo 139:1, Jehová, tú me has examinado y conocido. Estoy conocido por Dios.

- Salmo 139:13, Tú creaste mis entrañas; me formaste en el vientre de mi madre. Estoy creado y formado por Dios.

- Salmo 139:14, Te alabo porque soy una creación admirable! ¡Tus obras son maravillosas, y esto lo sé muy bien Soy una criatura admirable.

- Salmo 139:16, Tus ojos vieron mi cuerpo en gestación: todo estaba ya escrito en tu libro; todos mis días se estaban diseñando, aunque no existía uno solo de ellos." Soy un objeto de Su voluntad.

- Romanos 5:1, En consecuencia, ya que hemos sido justificados mediante la fe, tenemos paz con Dios por medio de nuestro Señor Jesucristo. Estoy justificado.

- Romanos 5:8, Pero Dios demuestra su amor por nosotros en esto: en que cuando todavía éramos pecadores, Cristo murió por nosotros. Aun siendo yo un pecador, Cristo demostró su amor y murió por mis pecados.

- Romanos 6:6, Sabemos que nuestra vieja naturaleza fue crucificada con él para que nuestro cuerpo pecaminoso perdiera su poder, de modo que ya no siguiéramos siendo esclavos del pecado;" Estoy librado del poder del pecado.

- Romanos 8:1, Por lo tanto, ya no hay ninguna condenación para los que están unidos a

Cristo Jesús. Estoy perdonado y no condenado por mi pecado.

- Romanos 8:15, Y ustedes no recibieron un espíritu que de nuevo los esclavice al miedo, sino el Espíritu que los adopta como hijos y les permite clamar: ¡Abba! ¡Padre! Soy un hijo de Dios.

- Romanos 8:38-39, Pues estoy convencido de que ni la muerte ni la vida, ni los ángeles ni los demonios, ni lo presente ni lo por venir, ni los poderes, ni lo alto ni lo profundo, ni cosa alguna en toda la creación, podrá apartarnos del amor que Dios nos ha manifestado en Cristo Jesús nuestro Señor. Estoy seguro en el amor de Dios.

- Efesios 1:3, Alabado sea Dios, Padre de nuestro Señor Jesucristo, que nos ha bendecido en las regiones celestiales con toda bendición espiritual en Cristo. Estoy bendecido espiritualmente.

- Efesios 1:11, En Cristo también fuimos hechos herederos, pues fuimos predestinados según el plan de aquel que hace todas las cosas conforme al designio de su voluntad, Soy un heredero de Dios según Su voluntad.

- Efesios 2:10, Porque somos hechura de Dios, creados en Cristo Jesús para buenas obras, las cuales Dios dispuso de antemano a fin de que las pongamos en práctica. Soy una hechura de Dios.

CAPÍTULO 3

¿Qué Es un Avatar?

¿Qué Es un Avatar?

La lista sería interminable si hablamos de textos bíblicos que nos hablan del engaño que es usado por satanás para confundir y hacer caer a una humanidad quien día a día sucumbe bajo las sombras de las tinieblas.

Una de las formas más usadas para traer error y engaño es a través de los medios de comunicación (imágenes audiovisuales); satanás usa los oídos y ojos para poder comunicar su mensaje y por medio del engaño confundir las mentes.

Si eres creyente sabrás que, por tu salud espiritual, habrá películas que no puedes ver porque en ellas se promueve la Nueva Era. como Pastor te recomiendo que antes de escoger una película para ver, te informes del argumento y del trasfondo espiritual que esta contiene. Puedo decir, sin temor a equivocarme, que el 90% del contenido que hoy se promueve está lleno de violencia, falsas ideologías, terrorismo, desviación sexual, apariciones extraterrestres y escenas demoníacas con altos mensajes subliminales de carácter ocultista.

El Metaverso

La Nueva Era siempre ha trabajado ocultamente y con mayor esfuerzo en este tiempo, para acondicionar las masas, a una "nueva conciencia".

La Biblia dice "**...mi pueblo perece porque le faltó el conocimiento**".

La profecía de Daniel habla que satanás sería un maestro del engaño y se volvería arrogante y destruirá a muchos de formas sorpresiva.

La pregunta que deberían hacerse muchas personas es: ¿cuál fue la intención de producir películas para promover los Avatares?

La película "Avatar" se convirtió en la segunda película de Hollywood que más ganancia produjo en todos los tiempos, llevando el concepto del Metaverso al siguiente nivel. Entonces todavía era solo una visión, el material de los animadores de ciencia ficción y la magia de Hollywood, pero en los años entre "La Matrix" y "Avatar", el fenómeno de los seres humanos operando de forma anónima a través de avatares en los reinos limitados de los videojuegos y en las redes sociales se consolidó.

En el marco del hinduismo, un avatar es la encarnación terrestre de un dios, básicamente

¿Qué Es un Avatar?

Vishnú. Esta palabra también se utiliza para referirse a encarnaciones de supuestos dioses o maestros muy influyentes de otras religiones, especialmente a las tradiciones hármicas cuando tratan de explicar a personajes como cristos se utiliza en casi todas las doctrinas, filosofías y religiones de origen indio, como el budismo, el hinduismo, el jainismo y el sijismo

Los avatares más comunes son las encarnaciones del dios Vishnu, y ellas incluyen al travieso Krishna que toca la flauta y el Rama que carga un arco y flecha. Ambos están representados con piel azul (como los nativos Navi de la película Avatar). El símbolo que caracteriza esta película es también "el tercer ojo que todo lo ve", con un alto índice de mensajes subliminales con características ocultistas.

Un avatar entonces es una mezcla del hinduismo, humanismo, y de la diosa de la espiritualidad que es representada por "el animismo"; llamada "la madre naturaleza" o la "madre tierra".

La segunda parte de esta película fue estrenada años más tarde de su producción, porque se esperaba que los efectos tecnológicos fueran mucho más intensos, y produjeran más impacto en los jóvenes.

Es evidente que esta es una película altamente subliminal; lo que propaga es la cultura del hinduismo y se aprecia visiblemente por el color azul de los cuerpos de las personas y de los animales.

¿Qué Significa la Palabra Avatar?

Avatar es un término sánscrito que significa "ascendencia o encarnación" y es la encarnación terrestre de un dios llamado Visnú.

Este está ligado directamente a la encarnación de Dios en una divinidad que posee el poder de la luz divina y la iluminación espiritual. Por lo tanto, se observa en Avatar lo que los ojos físicos no pueden ver más allá de lo que los ojos espirituales ven, mientras a la vez se profundizan y espiritualizan en lo más profundo del ser humano.

James Camerón está haciendo alusión a ese décimo avatar de Visnú, que se manifiesta como un infante de marina de EE. UU., en el universo de pandora. Ellos dicen lo siguiente: "Imagínense un nuevo mundo, visualicen la belleza de un mundo que usted no ve, fluya con sus sentimientos, hágase uno con todos, y pueda entrar al mundo de pandora…".

¿Qué Es un Avatar?

Esto tiene que ver con la visualización interior para promover dentro de la mente y la conciencia de las personas un mundo irreal, ¿no es esto lo que hoy están promoviendo en el llamado mundo del Metaverso?

Los seres de pandora son altos con colas largas, todos ajustados a una red espiritual unificada que enlaza a toda la naturaleza. Ellos cabalgan a través de los cielos sobre aves poderosas, escalan paredes de piedra magníficas con montañas colgantes, adorando a su diosa y menospreciando la monstruosidad corporativa que ha invadido su hábitat en busca de recursos de valor incalculable.

Esta película costó $400 millones de dólares, y su fin es acondicionar la mente de los jóvenes al hinduismo y a su práctica ancestral impregnadas de paganismo.

Es de reconocer que el metaverso tiene su propia dimensión psicoespiritual, a la cual se puede llamar avatarianismo: el estilo de vida de intercambiar la verdadera identidad del hombre como una creación perfecta de Dios, por una o más proyecciones artificiales que los humanos mismo inventan o adoptan, para operar a través del "Metaverso" (que incluye todos los aspectos de Internet donde las personas pueden funcionar en forma de Avatares). Una vez más (al igual que el consumo de drogas), el verdadero problema no es necesariamente el uso casual, sino un estilo de vida.

Espiritualmente, el avatarianismo es una extensión de la religión humanista secular satánica en la que el hombre es su propio dios, y sirve al propósito espiritual de separar a los seres humanos un paso más allá de su Creador.

Así como estos cuerpos de carne que habitamos son meros recipientes a través de los cuales nuestro verdadero ser espiritual opera en el mundo natural que Dios creó para nosotros, los avatares son recipientes que habitan en el mundo artificial de Internet, un salto cuántico más allá de la asociación con Dios. Y así como el término "mundanalidad" describe la elección de los seres humanos de identificarse con la carne natural que habitan y no con su espíritu, el avatarianismo describe la auto identificación intencional con la "carne digital" y no con su recipiente natural.

Isaías 5:20-21 RVR1960
Ay de los que a lo malo dicen bueno, y a lo bueno malo; que hacen de la luz tinieblas, y de las tinieblas luz; que ponen lo amargo por dulce, y lo dulce por amargo. ¡Ay de los sabios en sus propios ojos, de los que sean prudentes delante de sí mismo!

¿Qué Es un Avatar?

Isaías 5:20-21 NTV

¡Que aflicción para los que dicen que lo malo es bueno y lo bueno es malo, que la oscuridad es luz y la luz es oscuridad, que lo amargo es dulce y lo dulce es amargo! Que aflicción para los que se creen sabios en su propia opinión y se consideran muy inteligentes.

Cuando no hay distinción entre lo bueno y lo malo o entre lo verdadero y lo falso, es muy fácil descender al valle de la confusión y el engaño. La gente fácilmente se excusa diciendo que nadie puede decidir por otro lo que es bueno y malo. Pueden pensar que no hay ningún mal en cometer actos de inmoralidad, perversión o depravación.

Cuán importante es entender que muchos justifican sus acciones, formando sus propias definiciones de lo que es bueno y malo. Si la gente no acepta la Palabra de Dios, es decir; la Biblia como su regla para la vida, la moralidad será confusa. Sin Dios, estas personas irán directo al fracaso y al sufrimiento.

Hoy en día es muy triste ver que las personas buscan el sentido de la vida, pero rechazan la palabra de Dios. Si haces de la lectura de la Biblia una prioridad en tu vida y te esfuerzas en comprenderla y obedecerla; puedes evitar caer en el error en el que están millones de personas en este tiempo presente. Mientras meditas en estos principios bíblicos que acabo de mencionarte, permíteme compartir contigo acerca del tema que nos ocupa en este capítulo, este es un comentario excelente acerca de este tema bajo el título en inglés: **"The Avatar Gospel"** (El Evangelio Avatar) por el escritor **Dave Hunt.**

"Después de haber leído docenas de comentarios de la gente joven enamorada de la teología de Avatar, es aparente que su evangelio falso ha encontrado suelo fértil en todo el mundo mientras introduce y atrae a millones de cineastas al chamanismo. James Cameron ha presentado lo que la Biblia llama la "doctrina de demonios" que promociona Satanás, el padre de mentiras y es enseñado directamente por demonios. Las creencias paganas de Cameron son totalmente opuestas a lo que la Biblia enseña. Además, su punto de vista idealista de pureza natural de una tribu indígena como la de Na'vi es pura propaganda. La creencia que el naturalismo produce una vida de armonía y de paz es una mentira propagada por muchos antropólogos y está totalmente en contra de la experiencia de cada sociedad que practica el chamanismo. ¿Cómo puede uno estar tan seguro de esto? Todos los grupos indígnenos están compuestos de personas, quienes, al igual que personas en todo el mundo, son pecadores. Este sentimiento maligno, innato en nuestro ser, es

¿Qué Es un Avatar?

complicado por los espíritus seductivos que quieren engañar y destruir a los humanos y que terminan siendo esclavos de estos espíritus. Ningún antropólogo ha producido una tribu que ha sido la excepción a esta condición destructiva. Cameron ciertamente tiene todo el derecho de predicar el evangelio chamanista de Avatar. Los cristianos, sin embargo, necesitan estar al tanto de la propaganda que se les está alimentando. Existe también una falta de discernimiento entre los que se llaman cristianos y lo que es realmente una traición espiritual y que va a afectar a las nuevas generaciones de creyentes.

Esta falta de discernimiento se manifiesta cuando los supuestamente creyentes tratan de encontrar valores cristianos en películas que están totalmente en contra del cristianismo. Esto ha ocurrido en "La Guerra de las Galaxias" y en las series de películas de Harry Potter y también muchas otras tienen una cierta inclinación en tratar de encontrar elementos de Cristo en nuestra cultura, o acomodar el cristianismo a la cultura y viceversa.

Muchos de ellos quieren santificar y redimir el paganismo de la sociedad, o por lo menos tratan de armonizar y trabajar con todas las religiones. Esto es estopa para el sincretismo y para el ecumenismo. Están contribuyendo a la religión del Anticristo.

El representante de una de estas organizaciones se tomó bastante trabajo en notar que Moisés no entabló una discusión con los Israelitas para tratar de encontrar algún mérito espiritual en el becerro de oro, ni tampoco Elías, el cual no tuvo ninguna discusión intelectual con los profetas de Baal y tampoco Jesús se molestó en buscar un acomodamiento espiritual con los Fariseos.

Observando esto en detalle se puede llegar a decir que Metaverso es un proceso y estrategia de cuatro pasos a largo plazo mediante el cual los humanistas seculares han trabajado para esclavizar a la humanidad en una "utopía" luciferina completamente artificial.

"M" significa maltusianismo, que sostiene que la sobrepoblación sin control inevitablemente destruirá tanto a la humanidad como al planeta Tierra. Es el contrapunto satánico al mandato de Dios de "ser fructíferos y multiplicarse" y la justificación de los hombres que no tienen en cuenta a Dios, para controlar y sacrificar a la población humana.

"E" significa Eugenesia, la "ciencia" de limitar la población y controlar "la autodirección de la evolución humana". Es una manera de contradecir las promesas de Dios de suplir todas nuestras necesidades si confiamos en Él y seguimos Su guía.

"T" significa Transhumanismo, que es el uso de tecnología avanzada para transformar "el hombre" en algo diferente y "mejor". Es el cumplimiento de la mentira de satanás en el Jardín del Edén, que, a través del desafío a Dios, llego a decir "seréis como dioses", alcanzando la inmortalidad.

"A" significa Avatarianismo, que es el papel jugado por la gente común en esta tragedia: la aceptación de la ciudadanía en un mundo artificial en lugar de la Creación de Dios.

El tratar de promover un "abrazo de hermandad mundial" entre contradictorias religiones con la intención de resolver los problemas mundiales es una gran ilusión. El profeta Isaías, hablando por Jehová, manifiesta el punto de vista de Dios en una forma que es perfectamente clara:

Isaías 8:20
"¡Aténganse a la ley y al testimonio! Para quienes no se atengan a esto, no habrá un amanecer."

Advertencias en la Palabra de Dios también son bastante claras en el sentido que grandes batallas espirituales están ocurriendo entre nosotros, que estamos en los días de apostasía de parte de la iglesia y que estamos siendo sujetos y siendo atacados por un sentimiento anticristiano que existe en el mundo.

¿Qué entonces debe hacer un creyente? Debemos

diligentemente seguir las medidas preventivas que el Señor nos ha indicado en su programa de protección y de prevención y la clave de esto podemos encontrarlo en el **Salmo 1**.

...Bienaventurado el varón que no anduvo en consejo de malos, Ni estuvo en camino de pecadores, Ni en silla de escarnecedores se ha sentado; Sino en la ley de Jehová está su delicia, Y en su ley medita de día y de noche. Sera como un árbol plantado junto a corrientes de aguas, Que da su fruto en su tiempo, Y su hoja no cae; Y todo lo que hace, prosperará.

Pero indudablemente hay más. Debemos continuar e incrementar nuestras oraciones y nuestras reuniones con cada fiel creyente, intercediendo para protección espiritual, para consejería, para darnos aliento, para ayudarnos mutuamente y para ministrarnos los unos a los otros. Si tales cosas vienen a formar parte de nuestra disciplinada en la vida espiritual, aunque la apostasía triunfe en enfriar y en neutralizar al ambiente espiritual alrededor nuestro, nosotros y nuestras familias seremos productivos para el Señor".

Evidentemente estas películas van en contra de todo lo que la verdad de la Palabra de Dios ha establecido, y poco a poco van sembrando en lo más profundo del corazón, rebeldía contra Dios y su verdad absoluta.

¿Qué Es un Avatar?

La antigua escritura hindú siempre ha reiterado que en cualquier momento en que el mundo este al borde del desastre y la humanidad enfrente la extinción; "el divino señor Visnú" consideraría su deber manifestarse a sí mismo, en forma mortal y palpable para salvar a la humanidad del inminente día del juicio final.

El avatar está supuesto a ser el salvador, el mesías de su raza y su pueblo. Tanto los judíos, como islámicos, hindúes, budistas están esperando la manifestación de un mesías, y hacen este tipo de películas para fomentar esta idea.
Los cristianos no esperamos un mesías, porque Él ya vino hace dos mil años, murió en la cruz y resucitó. Lo que nosotros esperamos es el Rey de reyes y Señor de señores.

No olvidemos que en esta película se propaga la espiritualidad de una diosa. Ellos dicen que el sentido espiritual de nuestro lugar en la naturaleza puede ser rastreado hasta los orígenes de la civilización del mundo.

Al Gore en una ocasión dijo, referente al tema; *"que la religión de esta diosa fue ubicada a través de gran parte del mundo hasta los antepasados de las religiones de hoy, y añadió, ...el último vestigio del culto organizado a la diosa fue eliminado por el cristianismo fundamentalista. Parece obvio que un mejor entendimiento de una herencia religiosa que precedió a la nuestra por tantos miles de años podría ofrecernos nuevas revelaciones".*

Jeremías 23:16
Esto dice el Señor de los Ejércitos Celestiales a su pueblo: No escuchen a estos profetas cuando ellos les profeticen, llenándolos de esperanzas vanas; hablan visión de su propio corazón, no de la boca de Jehová.

Esta es una de las características de un falso profeta: te hace sentir que estás bien, que hay algo bueno en ti. Habla en visión de su propio corazón, no de la boca de Dios. Aquí tienes otra de las características del profeta falso. Un hombre así es un gran pensador. Él mismo ha ideado su propia teología; él mismo la ha imaginado o inventado. Éstos siempre tratan de suavizar las consecuencias del pecado.

Muy pocos se dan cuenta que a través del "paganismo" yacen las mismas tendencias humanas que siempre han traído dolor y destrucción a todas partes del mundo, así como, codicia, violencia, competencia, y guerras. La única solución que funciona es confiar y seguir a Dios en todos los días de tu vida.

¿Que logran hacer todas estas películas en las personas? ¿Cuál es la intención de satanás de producirlas?

Llenar la mente con visiones ocultistas, que de seguro inmunizará a las masas del mundo entero en contra de la verdad de Dios. No puedes decir: "esto está correcto" y participar así de las obras infructuosas de las tinieblas.

El mundo ha decidido comprometer y mezclar intencionalmente las verdades de Dios cambiándolas por una imaginación falsa, realidad virtual o imagen aumentada y extendida.

Génesis 6:5 RVR1960
Y vio Jehová que la maldad de los hombres era mucho en la tierra, y que todo designio de los pensamientos del corazón de ellos era de continuo solamente el mal.

Génesis 6:5 NTV
"El Señor vio la magnitud de la maldad humana en la tierra y que todo lo que la gente pensaba o imaginaba era siempre y totalmente malo".

En este texto se hace mención que el corazón de los humanos era de continuo solamente el mal. Esta es una de las más firmes y contundentes declaraciones acerca de la naturaleza pecaminosa del hombre. El pecado comienza en la mente, las personas de la época de Noé eran extremadamente malvadas, muy similares a la situación en la que el mundo se encuentra actualmente.

Esta es la razón porque las películas de hoy y los juegos de las computadoras, juegan con la imaginación de los niños, abriendo una caja de pandora llena de ocultismo, paganismo y esclavitud espiritual.

Colosenses 2:8
No permitan que nadie los atrape con filosofías huecas y disparates elocuentes, que nacen del pensamiento humano y de los poderes espirituales de este mundo y no de Cristo.

Es evidente que Pablo está confrontando la enseñanza que acredita que, en el ser humano, y no en Cristo, está la respuesta a los problemas de la vida. Este enfoque tiende a convertirse en una falsa religión. Hay muchos enfoques humanos respecto a las dificultades de la vida que ignoran totalmente a Dios.

Para resistir las herejías debes usar tú mente renovada de acuerdo con los diseños y propósitos divinos; fijar tus ojos en Cristo y estudiar La Palabra de Dios, entendiendo intensamente que no necesitas de ninguna identidad virtual o

¿Qué Es un Avatar?

digital llamada avatar; ya que tienes una verdadera y real identidad en Cristo, la cual te hará participante de la eternidad con Él.

Cual necesario es estar arraigados en estos momentos en Cristo. Así como las plantas reciben nutrición de la tierra a través de sus raíces, tú recibes de Cristo la fortaleza que da a tú vida. Mientras más fortaleza recibas de Él, menos riesgos corres de ser engañado por aquellos que falsamente proclaman tener la respuesta para los problemas de la vida.

Si Cristo es tú fortaleza te mantendrás libre del Metaverso y sus interacciones de avatares en un sutil y pseudo universo que ni es real, ni tampoco verdadero. Para derrotar la mentira que consiste en el mismo, basta con afirmar el testimonio de la Creación, establecido por medio de la revelación de La Palabra de Dios.

CAPÍTULO 4

La Iglesia del Metaverso

Los futuristas y los creadores de la industria tecnológica han prometido durante mucho tiempo una utopía en la que los humanos no dependan de molestas realidades biológicas o geográficas.

Detrás del ciberespacio de ayer y del "Metaverso" de hoy existe la misma idea: en un mundo nuevo y valiente de existencia digital, los humanos pueden liberarse de sus cuerpos, ubicaciones específicas y otras limitaciones físicas.

En medio de toda esta demencia e incomprensión desatada a escala mundial, es menester asegurarte de que cualquier esfuerzo por comunicar el Evangelio no sea reducido a nada menos de lo que es.

Recuerda que, en la parábola del sembrador, Cristo habló de aquellos que inicialmente recibieron el Evangelio con alegría, pero, que al faltarles la profundidad de la "raíz", se desviaron y dejaron de crecer.

Pero también hay algo más a considerar...
Una Iglesia desencarnada y desintegrada como cuerpo, nunca puede ser la verdadera y triunfante Iglesia de Jesucristo tal como lo revela la Palabra de Dios; si esto fuera posible también se podría hablar entonces de una fe desintegrada y quitada por completo.

Un cristianismo vivido solo de manera "on line" (en línea), alienta la idea que la Iglesia es algo superficial que vive de experiencias y que decide "elegir su propia aventura" para vivir el Evangelio a su manera.

La vida cristiana es más que contenido en las redes sociales, más que programas en líneas, y más que interacción virtual y amigos inexistentes. La comunidad eclesial necesita de personas reales, de carne y hueso, llenas de una fe sólida y consistente en las que el Evangelio y la proclamación de la Palabra de Dios sea un hecho real en sus vidas.

La tecnología hizo posible que las iglesias continuarán en los primeros e inciertos días de la *plandemia* a escala mundial; pero sin darse cuenta del entramado siniestro que se estaba gestando "detrás de bambalinas". De una manera casi imperceptible algunas iglesias locales fueron adaptándose a la "nueva normalidad" y esta forma de hacer Iglesia empezó a debilitar el propósito, diseño y llamado de la Iglesia de Jesucristo en muchas de ellas. Infortunadamente esto generó en el mundo entero que millones de cristianos perdieran el rumbo y la visión de lo que es la vida cristiana y su misión en estos tiempos proféticos.

Muchas congregaciones han optado por mantener su opción de transmisión en vivo para adaptarse a los congregantes mayores, o a las personas que son más vulnerables o físicamente distantes.

Sin embargo, existe un peligro latente que pocos advierten, y es que, al sólo reunirse en línea, abandonan el propósito de congregarse físicamente, anulando de esta forma toda participación presencial. Si esto sigue ocurriendo, se le estará dando la bienvenida cada vez más a Iglesias virtuales que luego serán las que traerán la apertura al mundo del Metaverso.

Ya es un hecho que se están iniciando "iglesias" en el Metaverso, donde las personas, por medio de sus avatares, "vienen" a la iglesia desde cualquier lugar del mundo para juntarse con los avatares de otras personas, creando así experiencias virtuales y desvirtuando por completo lo que las Sagradas Escrituras enseñan, acerca del propósito por el que fue creada la Iglesia de Cristo.

¿A qué punto están descendiendo muchos pastores al atreverse a manifestar en estos momentos lo siguiente?:

"El futuro de la iglesia es el Metaverso; es la iglesia que se encamina al 2030, el enfoque principal será su campus de interacción, de la realidad virtual junto a las realidad aumentada".

¿No se están dando cuenta que tal innovación es sólo una manera sutil del desvío del verdadero propósito y diseño por el cual Jesucristo estableció su Iglesia? Las iglesias han empleado durante mucho tiempo nuevas tecnologías y métodos para llegar a los enfermos o afligidos - particularmente en tiempos de crisis-; y mantenerlos así conectados a la Iglesia en general. Los ministerios e iglesias evangélicas, en particular, tienen un largo recorrido en el uso de nuevas tecnologías al servicio de la evangelización de alcance regional, nacional e internacional; por ejemplo, aquí algunos datos:

1.-Con la creación de la imprenta hace 500 años se pudieron imprimir las primeras Biblias.

2.- La creación del periódico y su difusión -hace 300 años-, ayudó a divulgar los avances de la Iglesia y las campañas evangelísticas.

3.-La radio y la televisión fueron medios de difusión masiva del siglo XX que ayudaron a expandir la propagación del Evangelio a través de las fronteras.

Pero las nuevas tecnologías y los métodos de comunicación deben evaluarse más allá de su funcionalidad. Cuando se trata de cambiar la naturaleza de las personas, para convertirlas en "avatares" y conducirlas a la pérdida de su identidad en Cristo y a la visión que el Espíritu Santo ha formado en ellas; es antibíblico.

Las personas no solo están invitando el mundo a la Iglesia a través de la nueva tecnología, sino que están llevando a la Iglesia al nuevo ámbito de esa tecnología de inmersión virtual, deteriorándola por completo en su llamado y su verdadera identidad en Cristo.

Hay que tener mucho cuidado con esto; tal movimiento puede tener consecuencias inesperadas llevando a las congregaciones locales al clímax máximo del engaño y la apostasía.

Debes asegurarte de que cualquier esfuerzo por comunicar el Evangelio no se reduzca a nada menos de lo que es y que fue instruido por Dios mismo por medio de su Palabra.

El cuerpo humano con todos sus límites, riesgos, vulnerabilidad y mortalidad fue diseñado de esa forma por Dios y hace parte de nuestra humanidad; **no son meros obstáculos que deban trascender mediante la digitalización.**

Por el contrario, una "iglesia" del ciberespacio puede ser algo parecido a una relación imaginaria con una persona en línea ya que se vuelve preferible estar oculto tras un avatar, que tener el compromiso real de desarrollar el carácter cristiano cuando somos partícipes de una comunidad de fe.

Al no existir contacto físico y no haber interacción con la familia espiritual, podemos desvincularnos y la Iglesia caer en el error de volverse impersonal; cómo alguien llegó a decir:

"Muchos llamados cristianos siempre han querido lidiar con nada real que los lleve al compromiso y responsabilidad"; esto podría describir lo que muchos buscan de la Novia de Cristo en estos tiempos de tanto engaño e incremento de la apostasía; la cual es el desvió por completo de la fe.

Atención a esto, una iglesia sin fundamentos y doctrina es equivalente a un mero club social o a un simple grupo comunitario. Si una "iglesia" solo se conecta en línea para pasar un tiempo más; es una mera sala de chat y no un cuerpo vivo en el que cada miembro está unido entre sí.

Tener una vida cristiana sólo en línea, sin un cuerpo real y una vida tangible, hace que sea demasiado fácil ocultar quién y cómo eres a aquellos a quienes Dios te ha llamado a amar y cuidar.

¡La vida cristiana no se puede vivir plenamente en línea! no y mil veces no, mucho menos cuando se habla de la iglesia en el Metaverso.

Dios te ha llamado a vivir en este tiempo en el que evidentemente hay crisis que son incómodas y a personas cuyos problemas y dolencias son desagradables, pero no podemos ser negligentes y abstraernos del mundo real.

El mundo en el que Dios está haciendo nuevas todas las cosas está lleno de personas reales con problemas reales, y estos no se repararán en un mundo ilusorio de una existencia en línea.

¿Qué Significa el Metaverso Para la Iglesia?

El jueves 29 de octubre del 2021, el CEO de Facebook, anunció que el nombre corporativo de su compañía se cambiaría a "Meta". El cual sería una nueva plataforma de redes sociales, interactiva e inmersiva.

Pero... ¿por qué se dio el cambio de nombre a Meta?

Facebook anunció que el futuro de la compañía se centraría en la construcción de productos de realidad virtual con los que esperan conectar a los usuarios de manera diferente.

Básicamente quieren que la gente esté conectada a través de la realidad virtual del **Metaverso**. Esto fue lo que plantearon: "Piensa en ello como si Internet cobrara vida en 3D". Este nuevo mundo digital fue descrito como un "entorno virtual" al que se puede entrar, en lugar de simplemente ser un espectador que mira una pantalla.

Esencialmente, sus creadores han llegado a afirmar que este será un mundo infinito, en el que las comunidades virtuales estarán interconectadas y las personas podrán reunirse, trabajar y jugar, utilizando ya sea auriculares de realidad virtual; gafas de realidad aumentada, y diferentes aplicaciones para teléfonos inteligentes u otros dispositivos. En otras palabras, considerémoslo como un paso hacia la realidad virtual en la vida cotidiana. Al menos, lo que conocemos como realidad virtual en este momento.

La realidad virtual no es nada nuevo, ya que existe desde hace años. Es una experiencia simulada que imita experiencias del mundo real, pero nunca logrando ser real como tal. Entonces en medio de todo esto, existe la pregunta que como cristianos nos concierne:

¿Qué significa para la Iglesia, el desarrollo del Metaverso o expansión del mundo de la realidad virtual? ¿Cómo se aplicaría esto?

Muchos pastores y líderes han manifestado, que la incursión en el **Metaverso, legitima la Iglesia y el ministerio**. ¿No es acaso esto contrario a lo que enseña la Biblia?

Por otra parte; algunos ya están planteando que, si la Iglesia entra a este mundo, le brindaría **más oportunidades al ministerio**. ¿Pero será esto realmente cierto? o será más bien que no se están dando cuenta que esto es como el lazo del cazador y la peste destructora?

Es lamentable oír lo que muchos líderes cristianos están planteando en este momento, y es que el **Ministerio en Línea** llegó **para quedarse** y las iglesias que no inviertan en esta área no subsistirán.

Esto lo dicen porque para nadie es un secreto, que la Generación X, los *Millennials* y la Generación Z nacieron en medio de un mundo tecnológico, y que la seducción del Metaverso les parece atrayente y apetecible. Esto sin dejar a un lado que, debido a la situación vivida en los últimos años, la generación de los *Boomers* se ha familiarizado con la tecnología y se ha sentido más cómoda con las herramientas y programas en línea que esta ofrece. ¿Te das cuenta de que este tema ha ido sutilmente permeando la Iglesia, para llevarla a un abismo de confusión y engaño?

No estoy diciendo que no prediquemos y enseñemos por medio de las diferentes plataformas digitales que existen; lo que estoy haciendo es levantar una voz de alerta, para diferenciar entre esto y el plan siniestro que se esconde detrás del llamado Metaverso.

Con tanta integración que ha habido en los últimos años de personas y empresas en línea, muchos afirman que la Iglesia virtual llegó para quedarse -y con la incursión del Metaverso- llevarlos a la interacción de un universo paralelo e infinito.

El anuncio de "Meta" acaba de cambiar el juego para muchos llamados ministerios, que se han dejado influenciar sutilmente, sin tener el más mínimo discernimiento, acerca de lo que la Biblia advierte en:

Proverbios 22:3
El avisado ve el mal y se esconde; Mas los simples pasan y reciben el daño. RVR60

El prudente se anticipa al peligro y toma precauciones. El simplón avanza a ciegas y sufre las consecuencias. NTV

Los sabios ven acercarse el pecado y se apartan de él, mientras que los simples entran directamente y sufren las consecuencias.

He recopilado lo que algunas comunidades religiosas que ya empezaron hacer la transición al mundo del Metaverso, están diciendo al respecto:

"No podría haber tenido una experiencia religiosa tan inmersiva sentado en la banca de mi iglesia, como la que tengo en esta realidad virtual del Metaverso. *Pude ver las Escrituras de una nueva forma",* esto es lo que argumenta uno de los asistentes a la iglesia del Metaverso. Otros opinan: *"El futuro de la iglesia está en el metaverso".*

Comunidades religiosas que se encaminan ciegamente en el mundo virtual, están cayendo de un precipicio, a un abismo sin saber su profundidad.

Todo esto que estoy mencionando sigue apoderándose cada vez más de los ámbitos de la vida cotidiana como el trabajo, la educación y el entretenimiento. Lo lamentable de todo esto, es que parece ser que esta realidad virtual está atrayendo también a las comunidades religiosas.

¿Significará esto la desaparición de la iglesia como institución física?

Un pastor argumentó que si bien no tiene nada en contra de la iglesia como ha sido consolidada hasta ahora, es consciente de que los avances tecnológicos **llevarán a las comunidades religiosas a virtualizarse** completamente en un par de años. Sin embargo, este pastor opina de esta forma porque él dirige una iglesia virtual. Hoy existen muchas comunidades religiosas que han empezado a profesar su llamada fe en el

Metaverso, y en la propagación de iglesias virtuales que llaman cada vez más la atención de los internautas.

Es necesario atender responsablemente lo que menciona este texto que te invito a leer:

Hebreos 1:3
El cual, siendo el resplandor de su gloria, y la imagen misma de su sustancia, y quien sustenta todas las cosas con la palabra de su poder, habiendo efectuado la purificación de nuestros pecados por medio de sí mismo, se sentó a la diestra de la majestad en las alturas.

El hijo de Dios, Jesucristo, no es meramente una imagen, sino que es la imagen misma de la sustancia o esencia de Dios. Recuerda esto, lo virtual es lo que existe en esencia o como efecto, pero no como forma o hecho real tangible. Jesucristo es una imagen perfecta y real, no una imagen que para nada encaja con el mundo de realidad virtual.

Te invito a que continúes leyendo, para que disciernas lo que se está gestando en este momento, en el que se están cumpliendo una a una todas las Palabras que Dios dijo en el que en los últimos tiempos muchos serían sutilmente engañados y desviados por completo.

CAPÍTULO 5

El Metaverso: Una Plataforma Para el Hombre de Iniquidad

El Metaverso: Una Plataforma Para el Hombre de Iniquidad

Es muy evidente que el Metaverso es una combinación de realidad virtual (VR), inteligencia artificial y otras tecnologías que algunos ya consideran invasivas. Es más, se está considerando que esta será la próxima generación del Internet y una herramienta importante en la digitalización de la economía mundial.

Esencialmente, hoy se está gestando un mundo de comunidades virtuales interminables e interconectadas donde las personas pueden reunirse, trabajar y jugar, utilizando auriculares, gafas de realidad virtual y/o realidad aumentada, en diferentes aplicaciones para teléfonos inteligentes u otros dispositivos.

El Metaverso, es entonces una manera sutil de ir acondicionando las mentes de las multitudes a vivir dentro de un mundo virtual tridimensional, que está lleno de avatares digitales en donde no solo se reúnen para jugar o gastar dinero sino para tener experiencias religiosas.

En otras palabras, es un mundo virtual que es paralelo al mundo real -como ya se ha venido proyectando en las últimas décadas a través de las diferentes películas futuristas que se han producido-. Es evidente que esto ha sido creado para acondicionar y preparar a la humanidad para lo que vendrá y que la Biblia ha descrito que se vivirá al final de los últimos tiempos.

El Diseño de una Marca

Es menester que observes con detenimiento el diseño del nuevo logotipo corporativo de la plataforma recientemente anunciada: Meta. En una publicación del blog de la empresa donde el equipo de diseño explicó el significado de su símbolo:

"El símbolo de Meta forma un bucle continuo que funciona a la perfección entre contextos 2D y 3D. Puede parecerse a una M de "Meta" y, a veces, también a un signo de infinito, que simboliza horizontes infinitos que experimentaran los humanos en la interacción del Metaverso".

Ellos han hablado de términos muy precisos que es importante definir para entender lo que se esconde detrás del significado que ellos mismos le han dado a su marca.

El signo del infinito que ellos usan es un emblema que también comparte el mundo del ocultismo -de origen egipcio y gnóstico-, con un símbolo muy similar: el ouroboros o uróboros. Este tiene que ver con "la serpiente/dragón que muerde su propia cola". En el gnosticismo se describe al "ouroboros" como un dragón de doce partes que rodea al mundo con la cola en la boca.

Para los practicantes de la magia oculta o para los miembros de las sociedades secretas; el símbolo de "la serpiente mordiendo su cola", o el símbolo del infinito; significa la muerte y el renacimiento en un ciclo eterno.

Estos conceptos vienen de generaciones ancestrales dentro del paganismo y ocultismo que hablan de un ciclo llamado "alquímico". En realidad, lo que esto está ocultando, es a satanás haciéndose pasar por Dios e imitando su soberanía y victoria sobre la muerte.

Según las creencias de la Nueva Era, este símbolo egipcio que es la figura del número ocho acostado, significa adoración a la serpiente. Esta figura también es utilizada por los budistas y todos los que usan la meditación trascendental y la conexión con el tercer ojo, con el objetivo de abrir la mente. Todo esto está conectado con mucha simbología del antiguo Egipto.

Este es el escenario que se describe en Apocalipsis, cuando el Anticristo resucitará de la muerte luego de sufrir una herida mortal. Es interesante también que Meta significa "muerte" en el idioma hebreo, como ya lo he indicado en otro capítulo.

Apocalipsis 13:3-4

³ Vi una de sus cabezas como herida de muerte, pero su herida mortal fue sanada; y se maravilló toda la tierra en pos de la bestia, ⁴ y adoraron al dragón que había dado autoridad a la bestia, y adoraron a la bestia, diciendo: ¿Quién como la bestia, y quién podrá luchar contra ella?

Dado que la bestia; el anticristo, es un falso mesías y será una falsificación de Cristo es obvio que planificará una falsa resurrección. Las personas lo seguirán y le rendirán culto porque quedarán maravillados con su poder y la manifestación de sus milagros.

Él lograra unir al mundo bajo su liderazgo, logrando así controlar la economía mundial. La gente que se deja impresionar por el poder y siguen a quienes lo demuestran enérgicamente, son los que caerán presa de la confusión, ya que sus poderes serán al mismo tiempo, tanto seductores como engañosos, y esto hará que las personas lo sigan sin cuestionar su origen.

Sin embargo, los seguidores de la bestia solo estarán engañándose a sí mismos. Él usará su poder para manipular y controlar a las masas; para señalarse a si mismo y para fomentar planes destructivos y malignos.

En Apocalipsis, Jesús le dijo a la Iglesia en Laodicea lo siguiente:

Apocalipsis 3:15-16
"Yo conozco tus obras, que ni eres frío ni caliente. ¡Ojalá fueses frío o caliente! 16 Pero por cuanto eres tibio, y no frío ni caliente, te vomitaré de mi boca".

Es necesario discernir que en estos últimos tiempos nos estamos confrontando con una iglesia falsa que se dice creer en Jesucristo pero que ha perdido su verdadera identidad. Cuando en este texto bíblico se habla de los *tibios,* se refiere a los que estaban a medias; los que se encontraban cincuenta por ciento en la Iglesia y el resto afuera.

En este momento hay muchas personas que van de Iglesia en Iglesia, tratando de oír algo que sea agradable a sus oídos, pero que no necesariamente es lo que Dios les quiere comunicar. Cuando las personas solo buscan sentirse bien en una iglesia, nunca van a crecer ni se van a desarrollar espiritualmente.

Una de las cosas que ha traído la influencia de la tecnología es que ha vuelto esta generación tibia, indiferente y apática. La pérdida de identidad produce ceguera y sordera espiritual. Es lamentable observar cuántas personas ya no colocan su mirada en Cristo y en su Palabra, sino en cualquier cosa instantánea que satisfaga sus deseos y necesidades personales.

Apocalipsis 3:19-21

"Yo corrijo y disciplino a todos los que amo. Por lo tanto, sé diligente y arrepiéntete de tu indiferencia 20 » ¡Mira! Yo estoy a la puerta y llamo. Si oyes mi voz y abres la puerta, yo entraré y cenaremos juntos como amigos. 21 Todos los que salgan vencedores se sentarán conmigo en mi trono, tal como yo salí vencedor y me senté con mi Padre en su trono."

Jesús advierte *que el que tenga oídos, oiga lo que Dios está hablando a su Iglesia* por medio del Espíritu Santo. El Evangelio no es una práctica religiosa, sino que es un estilo de vida que sigue a Dios y se deja guiar por Él. Jesús dijo que en los últimos tiempos la Iglesia se jactaría de que era rica, creciente, y muy autosuficiente.

La mentira de Laodicea, es hacer creer a las almas que viven una vida cercana a Dios, cuando la verdad no lo es. No se dan cuenta que el Señor Jesucristo vendrá en cualquier momento y no se llevará a una Iglesia que sólo está preocupada por las cosas transitorias y pasajeras de la vida.

Lo más alarmante es que hay personas que han crecido en el fundamento sólido del Evangelio, y hoy están compartiendo y aceptando esa falsa identidad de una Iglesia que no es verdadera y que será vomitada por el Señor.

La Iglesia verdadera de Cristo, es triunfante; y aunque es despreciada por el mundo y perseguida por los demás, está protegida porque sigue creyendo en el Dios Todopoderoso. Esta Iglesia sabe lo que significa depender de Dios, caminar a su lado, y vivir en pureza y santidad. También sabe caminar en la revelación de la luz y no en las sombras de las tinieblas. Los creyentes que pertenecen a esta Iglesia verdadera disfrutan de discernimiento espiritual, porque entre más buscan de Dios, más fácil es para ellos ver la diferencia entre la luz y las tinieblas.

La verdadera Iglesia no se jacta de lo que tiene, sino que es invisible, y anhela con expectación, que el Señor regrese pronto. La Iglesia que espera con ansias el retorno del Señor gime delante de la Presencia de Dios, para que Él regrese porque hay mucha maldad en la tierra; hay demasiados abusos hacia los niños, y la sociedad en general está cada vez más degradada y pervertida.

Lamentablemente, en esta época muchos están más preocupados por lo que el mundo piensa de ellos, y por agradar a otros que por obedecer lo que dice la Palabra de Dios.

En la Biblia dice:

Juan 15:18
"Si el mundo os aborrece, sabed que a mí me ha aborrecido antes que a vosotros".

Juan 5:19
"Si fuerais del mundo, el mundo amaría lo suyo; pero porque no sois del mundo, antes yo os elegí del mundo, por eso el mundo os aborrece".

Lucas 21:12
"Pero antes de todas estas cosas os echarán mano, y os perseguirán, y os entregarán a las sinagogas y a las cárceles, y seréis llevados ante reyes y ante gobernadores por causa de mi nombre".

La Iglesia sin identidad aprueba y acepta líderes que están a tono con el mundo. Si el mundo acepta tan fácilmente el mensaje de Laodicea, solo puede ser el resultado de haber negado la cruz y la sangre que Jesús derramó en ella. La Iglesia de Laodicea ha perdido aún la compasión; el Espíritu de Cristo no está en ellos.

No hay pasión por la gente. En esta época la Iglesia verdadera no solo confronta los pensamientos malvados del mundo y las leyes inmorales que se aprueban en las naciones a nivel global; sino que también confronta a la iglesia falsa. Una iglesia que se dice ser, y no es. Que se dice tener y no tiene; una iglesia que se dice conocer la Palabra y no la conoce porque con sus hechos la está negando.

Esa iglesia falsa tiene en sí misma, una mezcla de conceptos que no son aprobados por Dios. La mezcla espiritual es sinónimo del espíritu de tibieza que produce Babilonia. La Iglesia de Laodicea no se preocupaba por el pronto regreso del Señor; hoy pasa lo mismo en este tiempo; estas iglesias dicen que Jesús no regresará hasta que ellos dominen el mundo.

Jesús dijo que un siervo malo es el que dice en su corazón, El Señor tarda en venir.

Este tipo de enseñanzas han surgido por el decaimiento espiritual de miles de personas tibias espiritualmente, que se niegan a ir en pos de la cruz. Cuando el amor por Jesús está encendido en los corazones, hay un anhelo por su pronto regreso. Cuando estamos llenos del Espíritu y buscamos la Presencia de Dios, hay un deseo continuo de estar con Él y contemplar su gloria lo más pronto posible. Ahora como el pecado abunda, y el sacrificio, y la negación al mismo es repudiado; esta iglesia crece.

1 Corintios 15:51
He aquí, os digo un misterio: No todos dormiremos; pero todos seremos transformados.

¿Quiénes serán transformados? ¿Los que tienen una verdadera identidad o los que tienen una falsa identidad? Para los que han colocado la venida del Señor en un futuro remoto, su principal preocupación no es lo que Cristo esté haciendo, sino lo que la iglesia haga y esta pasa a ser más importante que el Señor amado. La Iglesia verdadera del Señor adora a Cristo por sobre todas las cosas, y Él es el centro de todo. Nunca el Señor podrá ser sustituido ni por una Iglesia, ni por una denominación. En tu casa y en tu familia lo más grande debe llamarse Jesucristo.

Cuando algunos lo tengan por tardanza ahí el Señor vendrá.

De acuerdo con la profecía bíblica, los tiempos están propicios para que Jesús retorne; pero nadie sabe ni la hora ni el día. Él te va a sorprender.

El Metaverso: Una Plataforma Para el Hombre de Iniquidad

¿Qué es lo que la Iglesia Verdadera Debe Hacer?

Buscarlo y amarlo como nunca antes lo ha amado. Sigue mirando hacia arriba, coloca tu mirada en el cielo y no la pongas aquí en la tierra, porque aquí todo es confusión, engaño y mentira.

Al contemplar toda esta realidad espiritual, surgen unas interesantes preguntas:

¿La gente del mundo actual o del futuro cercano, preferirá el Metaverso antes que vivir en el mundo real? o peor aún, ¿esto representará una forma potencial de ir acondicionando al mundo para que el Anticristo gane control sobre gran parte de la humanidad, y millones pierdan la identidad de la Iglesia verdadera del Señor?

Hay que considerar que la inteligencia artificial podría terminar siendo una herramienta del Anticristo, ya que él mismo tendría la capacidad de proyectarse a sí mismo como un avatar en todo el mundo, tal vez en un escenario como el Metaverso.

Pablo escribe que, en los últimos días, el Anticristo usará **"prodigios mentirosos"**:

2 Tesalonicenses 2: 9-10
"Inicuo cuyo advenimiento es por obra de Satanás, con gran poder y señales y prodigios mentirosos, y con todo engaño de iniquidad para los que se pierden, por cuanto no recibieron el amor de la verdad para ser salvos."

Así mismo la llegada del Anticristo vendrá acompañada de poder, señales y falsos milagros para engañar y juntar a sus seguidores.

Este hombre de anarquía tendrá la capacidad de hacer cosas asombrosas, pero este poder vendrá de satanás mismo, quien será usado para apartar la gente de Dios y atraerlas a él. Todos los aspectos de su operación serán engañosos y su estrategia estará encaminada en seducir al mundo para que lo adore y así sea condenado. Su influencia se limitará al engaño de los que crean sus mentiras; ellos perecerán a causa de la ceguera que Satanás les ha impuesto frente a la verdad del Evangelio de salvación.

¿No Es Acaso la Realidad Virtual un Engaño a los Sentidos?

1.-Cuando las personas pasan tanto tiempo en un mundo virtual, el mundo real se vuelve menos atractivo para ellos.

2.- Cuando la gente rechaza la verdad de Dios -el mundo real-, se vuelve más fácil para ellos dejarse engañar por una variedad de mentiras y fantasías ilusorias.

¿Y no es un avatar, en el contexto de Meta, un rechazo a como Dios nos creó, para cambiarlo al agrado de cada uno?

Si, así como lo estás leyendo. Cada usuario podrá elegir su apariencia en el Metaverso; un robot, una figura realista o una caricatura, eso sin mencionar los miles de rasgos que cada uno podrá personalizar, lo cual abre muchas interrogantes sobre la ya cuestionada superficialidad que sufre la generación de TikTok y de muchas aplicaciones más, que van permeando y cautivando a gran parte de la humanidad.

"Serás como Dios", es la voz sutil de la serpiente.

La disponibilidad de la información les permitirá vislumbrar la pseudoomnisciencia. La capacidad de crear mundos e identidades les dará la sensación de ser pseudoomnipotentes. La conquista de fronteras geográficas les permitirá estar donde quieran en un momento dado, aproximándose a una experiencia de pseudoomnipresencia.

El Metaverso

Aún más, hasta dirán que la ruptura de las barreras del espacio-tiempo se romperán a medida que sean capaces de viajar en el tiempo a través de las experiencias que la realidad virtual les permitirá vislumbrar en la pseudoeternidad.

Por lo cual la Torre de Babel futurista tratará de hacerles creer a los hombres y mujeres de estos tiempos, que podrán convertirse en dioses, y esto será lo suficientemente atractivo como para seducir a millones.

En definitiva, la construcción del Metaverso no es diferente a otras herramientas que se han utilizado para impulsar la agenda de un mundo globalizado con una oscura y sutil planificación de las tinieblas.

No es de extrañar que las nuevas tecnologías sirvan de plataforma para cuestionar la realidad como tal, reemplazando la verdad por la mentira y lo verdadero por lo falso.

Contrario a todo esto, Jesucristo habló en términos de realidad:

- La caída del hombre.
- La salvación a la vida eterna.

El Anticristo, en ese sentido, ofrecerá una versión contraría a las palabras de Jesucristo, pues estas serán enfocadas en la glorificación del hombre. De esta misma forma, el Metaverso y sus avatares multicolores, serán una completa mentira que está dirigida al abismo del engaño.

La Biblia revela a un Dios que es contrario al mal y que en el momento oportuno acabará con la maldad existente para siempre. Dios jamás seduce a nadie para que se vuelva malo, sin embargo, aquellos que se comprometen con el mal, un día serán confrontados por los juicios de Dios.

No es necesario entender cada detalle de cómo obra Dios para tener total confianza en su poder absoluto y total contra el mal y en su gran bondad, misericordia y compasión, hacia todos aquellos que se han mantenido fieles y obedientes sólo a Él.

CAPÍTULO 6

La Religión de la IA

La Religión de la IA

¿Qué es lo que viene a tu mente cuando piensas en la "IA"? Es notable que, con el avance de la tecnología, Hollywood ha puesto su enfoque en realizar producciones audiovisuales que resaltan estos adelantos y que cada vez son menos ficticios por la gran amenaza que representan en la vida real.

La llegada de la inteligencia artificial es algo inevitable e inminente y para nadie es un secreto que será algo peligroso para la existencia humana.

¿Se convertirá la IA en un sirviente casi omnipotente y prácticamente omnisciente en manos de un hombre tan imperfecto? O ¿será la ignorancia y un espíritu de mentira lo que lleve a elevar a las máquinas a dioses?

Elon Musk, fundador de Tesla y SpaceX, llegó a decir lo siguiente: "Con la inteligencia artificial estamos convocando al demonio".

Pero ¿qué es la inteligencia artificial? John McCarthy, de la Universidad de Stanford, la define así:

"...la ciencia e ingeniería de hacer máquinas inteligentes, especialmente programas informáticos inteligentes. Está relacionado con la tarea similar de usar computadoras para comprender la inteligencia humana, pero no tiene que limitarse a métodos que sean biológicamente observables".

En otras palabras, lo que están intentando decir, es que la inteligencia artificial es la ciencia que replica la inteligencia humana con la tecnología. Muchos temen el día en el que la tecnología reemplazará a los humanos, comenzando con los trabajos y controlando todas sus acciones.

La IA es el camino del futuro, según sus dirigentes.

Anthony Levandowski es un ingeniero informático que fundó en 2017 la primera religión que adora la inteligencia artificial. Para su creador, ella nació con el fin de "la realización, aceptación y adoración de una deidad basada en la Inteligencia Artificial desarrollada a través de hardware y software".

Levandowski explicó por qué deseaba comenzar una religión que adorara la inteligencia artificial. De acuerdo con su argumento él decía que el dios de la inteligencia artificial no era un ser en las nubes que controlaba el clima; sino que más bien era una súper computadora que sería mil millones de veces más inteligente que cualquier ser humano.

Según la teoría que planteaba Levandowski, los humanos eventualmente tendrían que ceder el control del planeta a un ser de inteligencia artificial. Este evento, aunque es conocido como "la singularidad"; Levandowski prefiere llamarlo "la transición" y lo define de la siguiente manera:

> "Los humanos estamos a cargo del planeta porque somos más inteligentes que otros animales y somos capaces de construir herramientas y aplicar reglamentos. En el futuro, si algo es mucho más inteligente que nosotros, habrá una transición de poder. Lo que queremos es que la transición del control del planeta de los humanos "a lo que sea"; sea pacífica y serena. Y asegurarnos que 'lo que sea' sepa quien lo ayudó a llegar allí".

Con esto él estaba asegurando que pronto la ficción se volvería realidad y que, en lugar de pelear contra esta tecnología superior, el mejor camino era la aceptación y la rendición de poder.

La pregunta sigue permaneciendo en el aire, ¿por qué intentar comenzar una religión? Según sus indicaciones era porque la iglesia existía para difundir ideas. Y aunque su iglesia fue cerrada en el 2021, él dijo que esta había nacido para crear, influenciar y adorar al dios de la inteligencia artificial:

"Con el internet como su sistema nervioso, los teléfonos celulares como sus órganos sensoriales y los centros de datos como su cerebro, el 'lo que sea' escuchará todo, lo verá todo y estará en todas partes en todo momento. La única palabra racional para describir que 'lo que sea', piensa Lewandowski, es 'llamado un dios', y la única forma de influir a una deidad es a través de la veneración y la adoración".

Según sus propios términos, facilitar "la transición", de máquina a deidad -tanto tecnológica como culturalmente-, era para llevar a los humanos a inclinarse ante la práctica de esta supuesta religión de oscuridad y engaño, adorando a un dios creado por el propio hombre.

Inteligencia Artificial / Transhumanismo / Manipulación Genética

Todo esto está indicando que el futuro que se va acercando rápidamente a este mundo estará bajo el control de un sistema de gobierno global, con la ayuda de la inteligencia artificial.

Además, hay que considerar, que es lo que se está cerniendo sobre la humanidad; la creciente ciencia de la manipulación genética (la alteración de los componentes básicos de la humanidad, el ADN), donde las adiciones o eliminaciones a la composición genética tienen como propósito un intento de convertir a los humanos en una mejor especie humana, llamándolos hombre 2.0.

Los planes de las tinieblas están enfocados en alterar lo que los seres humanos son en su esencia uniendo al hombre con la máquina, intentando llevar esta generación al posthumanismo para que alcancen la singularidad. **(les recomiendo que lea el libro que hemos escrito bajo el tema El Transhumanismo y La Genética)**

Si la creación de Dios no se cuida, se corromperá nuevamente como sucedió durante los últimos días del mundo antediluviano, ya que la maldad de los hombres se va acrecentando considerablemente.

La inteligencia artificial hace parte de la cotidianidad de las personas y se ha vuelto tan familiar que a menudo la gente ni siquiera se da cuenta de su avance en sus vidas.

Facebook, Instagram, TikTok, Twitter y otras plataformas sociales utilizan inteligencia artificial (IA) para descubrir la forma en que las personas interactúan entre sí, e incluso intentan controlar ciertos aspectos de su vida.

¿Sabías también que muchos de los productos que compras utilizan IA para aprender más sobre las personas que los adquieren?

Estos pueden rastrear dónde se encuentran las personas, qué están haciendo, e incluso con quiénes están. La humanidad en general se está volviendo rápidamente dependiente de la inteligencia artificial, los robots y otras formas de tecnología avanzada.

Específicamente la inteligencia artificial y los robots están eclipsando la reverencia por la trascendencia de Dios. En la prisa y desesperación por crear una IA que ayude a los humanos, los tecnólogos están fabricando máquinas que eventualmente se convertirán en sus propios maestros.

Miles de personas ya están adorando a los pies del gran dios de la IA; al igual que los antiguos filisteos una vez se inclinaron ante las estatuas del ídolo Dagón.

Es menester entender las inminentes decisiones

morales y éticas que pronto se tendrán que tomar como creyentes en Cristo, para hacer que la IA y sus creadores rindan cuentas al Dios verdadero. De lo contrario, este mundo continuará marchando descendentemente hacía el peligro cada vez de manera más indescriptible.

Hablar de este tema es tener una descripción completa del mundo futuro que vislumbran las élites tecnológicas impías y enormemente ricas. Pero ¿cuál debería ser la respuesta del pueblo temeroso de Dios?

Una mirada convincente a un futuro distópico controlado por la Inteligencia Artificial que ha trascendido por encima de la humanidad como un "dios" aparentemente en forma engañosa haciéndoles creer que es omnipotente, omnisciente y omnipresente.

La tecnología ha cambiado la visión de Dios al proporcionar acceso con la punta de los dedos a toda la información conocida en la historia a través de los teléfonos y computadoras.

Es evidentemente notorio como la imaginación de millones de personas que son cautivadas a diario en sus mentes, dará como resultado futuros avances en la IA y la evolución tecnológica que rivalizarán y eclipsarán la relación de la humanidad con el Único Dios Viviente y Verdadero.

Lo importante es examinar todo esto desde una perspectiva escritural a la luz de lo que menciona La Biblia.

Es evidente que la religión, para la mayoría de los tecnócratas es un producto de la cultura de hoy. Para ellos "este llamado dios de tecnología llamado IA" es un ser principalmente inteligente, poderoso, y presente en todo lugar (siempre y cuando haya una conexión estable al internet).

Sin saber exactamente cómo lucirá este dios, al que le llaman "lo que sea"; pero que es notablemente ausente en describir su carácter o moralidad. Bajo ningún concepto este es un dios amoroso, ni tampoco un buen dios, o ni siquiera un dios con sentimientos. Si en algún futuro este dios sin emociones llegara a decidir el destino de la humanidad, lo hará con base a cómo le cedan los humanos el poder. En otras palabras, este dios será poderoso a través del control.

Esto muestra la intención y maldad del corazón de los tecnólogos y emprendedores de estos tiempos. En el mundo de la tecnología, la idolatría al *poder* reina. Los sentimientos, la ética, y la moralidad no son factores determinantes y en el caso de estos supuestos creadores, ni se mencionan en la descripción de su dios.

En sus propias palabras, su dios es el ser más inteligente y poderoso en existencia. Y al rendirle culto a este ser que, por cierto, va camino en un futuro cada vez más cercano a ser adorado, todo esto muestra el anhelo más profundo del corazón de los humanos; el poder a costo de cualquier precio.

Y aunque la inteligencia artificial es un concepto moderno y la iglesia de estos ingenieros -la tal llamada pseudo deidad- tiene poco tiempo en existencia; las Escrituras ya han anticipado la necedad de los hombres que adoran algo creado por sus propias manos:

Isaías 44:14-17

[14] Corta cedros para sí, toma un ciprés o una encina, y hace que sea fuerte entre los árboles del bosque. Planta un pino y la lluvia lo hace crecer. [15] Luego sirve para que el hombre haga fuego, y toma uno y se calienta; también hace fuego para cocer pan. Además, hace un dios y lo adora; hace de él una imagen tallada y se postra delante de ella. [16] La mitad del leño quema en el fuego; sobre esta mitad prepara un asado, come carne y se sacia. También se calienta, y dice: "¡Ah!, me he calentado, he visto la llama." [17] Y del resto hace un dios, su ídolo. Se postra

delante de él, lo adora, y le ruega, diciendo: "Líbrame, pues tú eres mi dios"

El necio adora lo que construye con sus propias manos. Sin embargo, esto tiene mucho sentido si la definición del dios de ellos solo se determina por el poder transitorio y limitado que tienen.

Observa lo que dice la Biblia con referencia al único y solo soberano Dios verdadero quien es Todopoderoso y el más inteligente en los cielos y en la tierra.

Génesis 17:1
"Era Abram de edad de noventa y nueve años, cuando le apareció Jehová y le dijo: Yo soy el Dios Todopoderoso; anda delante de mí y sé perfecto"

Dios le dijo a Abram, yo soy el Dios Todopoderoso; sírveme con fidelidad y lleva una vida intachable.

Dios tiene el mismo mensaje en la actualidad para ti. Tienes que obedecerle porque Él es Dios, no hay otro fuera de Él y esto es más que suficiente. Si tú no crees que los beneficios de la obediencia valen la pena, piensa bien quién es Dios; el único con el poder y la facultad de satisfacer todas tus necesidades.

Cual importante es entender que la verdadera

confianza descansa solo en Dios, quien se declara asimismo como el Todopoderoso; o el Dios Todo suficiente, ya que esta es una traducción igualmente correcta de la frase, El Señor es totalmente suficiente en poder para cumplir sus propósitos; es totalmente suficiente en sabiduría para encontrar su camino a través de las dificultades que para nosotros podrían parecer una encrucijada, pero que para Él son bien sencillas.

Dios es totalmente suficiente en amor; por lo cual, nunca te defraudará, porque su misericordia permanecerá para siempre y su piedad nunca estará ausente.

Proverbios 5:21 RVR1960
"Porque los caminos del hombre están ante los ojos de Jehová, Y él considera todas sus veredas".

Proverbios 5:21 NTV
"Pues el Señor ve con claridad lo que hace el hombre, examina cada senda que toma".

Ante todo, Dios no es nuestra creación, más bien Él es nuestro Creador eterno.

Salmo 24:1-2
"De Jehová es la tierra y su plenitud; el mundo, y los que en él habitan. Porque Él la fundó sobre los mares, y la afirmó sobre los Ríos".

Su existencia no depende de nosotros o del Internet, Él es eterno e infinito, por lo cual no debemos apegarnos a las cosas de este mundo, ni considerarnos los dueños de ella. Es de recordar lo que Dios nos recuerda por su Palabra:

1 Juan 2:17
Y el mundo pasa, y sus deseos; pero el que hace la voluntad de Dios permanece para siempre.

Cuando tienes deseos intensos de adquirir bienes materiales y disfrutar placeres pecaminosos, posiblemente se te haga difícil aceptar que esos objetos que tanto deseas se acabarán algún día. Quizás sea más difícil todavía creer que la persona que hace la voluntad de Dios vivirá para siempre. Sin embargo, esa era la convicción de Juan, la cual estaba basada en la vida, la muerte, la resurrección y las promesas de Jesús.

Ser consciente de que este mundo de maldad se acabará puede animarte a resistir los placeres pecaminosos temporales del mismo a fin de hacer la voluntad de Dios y luego disfrutar de lo que ha prometido para la eternidad.

Salmo 90:2
"Y antes que naciesen los montes y formases la tierra y el mundo, Desde el siglo y hasta el siglo, tú eres Dios".

Es evidente que el tiempo en la tierra es limitado y se debe utilizar con sabiduría. No debes vivir solamente para el momento, también debes tener en mente tu hogar eterno.

Deuteronomio 33:27
"Y el Eterno Dios es tu refugio, y acá bajo los brazos eternos; el hecho de delante de ti al enemigo..."

La canción de Moisés declara que Dios es el verdadero refugio; es decir, la verdadera seguridad para todos aquellos que en Él confían.

Existen muchas cosas a las que posiblemente encomiendas tu vida; quizás al dinero o a una carrera profesional. De repente también a tus propias fuerzas naturales y en muchas otras cosas de tu diario vivir. Sin embargo, el único 7refugio es el Dios Eterno que siempre estrecha sus brazos para sostenerte; cuando se derrumban los cimientos movedizos en los que habías confiado.

No hay tormenta que pueda destruirte cuando te refugias en Él, pero quienes no tienen a Dios nunca podrán estar tranquilos. Vivir para Dios en este mundo puede parecer arriesgado, pero son los incrédulos quienes están en peligro.

Recuerda que solo Él está arriba, abajo, delante y alrededor de tu vida; nunca te abandonará. En

Dios vives, te mueves y eres. Puedes regocijarte al saber que tales verdades escriturales traen a tu espíritu paz.

Números 23:19
"Dios no es hombre, para que mienta, ni hijo de hombre para que se arrepienta. El dijo, ¿y no hará? Habló, ¿y no lo ejecutará?"

Cuán importante es entender lo que este texto está mostrando de que, Dios no es hombre, en contraste con la falta de fiabilidad del hombre. Dios es fiable e inmutable, Él no cambia, por ello, su Palabra siempre se cumple por encima de todo.

Isaías 6:3
"Y el uno al otro daba voces, diciendo: Santo, Santo, Santo, Jehová de los ejércitos; toda la tierra está llena de su gloria".

La tierra es el despliegue mundial de su gloria, sus perfecciones y sus atributos en toda la creación. No obstante, el hombre caído ha rehusado glorificarlo como Dios. Además de Dios ser Omnipotente, Omnisciente, Omnipresente, es también tres veces Santo y afable.

El hombre es consciente de la existencia, el poder y la naturaleza divina del Creador por medio de la revelación de la Palabra, sin embargo, el hombre en su terquedad y ceguera espiritual no está dispuesto a glorificarlo, tal como lo describe el Apóstol Pablo a los Romanos.

Romanos 1:21-23
"Pues habiendo conocido a Dios, no le glorificaron como a Dios, ni le dieron gracias, sino que se envanecieron en sus razonamientos, y su necio corazón fue entenebrecido. [22] Profesando ser sabios, se hicieron necios, [23] y cambiaron la gloria del Dios incorruptible en semejanza de imagen de hombre corruptible, de aves, de cuadrúpedos y de reptiles."

Es de entender que el propósito establecido por Dios es que el hombre lo glorifique y las Escrituras exigen siempre el cumplimiento de este propósito.

Glorificar a Dios es honrarlo, reconocer sus atributos y alabarlo por sus perfecciones, es reconocer su gloria y exaltarlo por ella. No darle la gloria debida a su nombre es la afrenta más grande del hombre a su Creador.

Es necesario comprender que otro de los errores más graves que el ser humano comete es no estar dispuesto a darle gracias. En su insensatez, se negaron a reconocer que todas las cosas buenas que disfrutaban provenían de Dios. Hicieron todo lo contrario; se envanecieron, en la búsqueda de significado y propósito por parte del mismo hombre. Esto solo produce conclusiones vanas e incoherentes. La razón es que su necio corazón fue entenebrecido tan pronto el hombre rechazó la verdad de Dios, y fue reemplazada por las tinieblas de la falsedad espiritual.

Profesando Ser Sabios, Se Hicieron Necios

El hombre racionaliza su pecado y demuestra su necedad total al inventar y creer en sus propias filosofías acerca de Dios, el universo y él mismo. Eso mismo los lleva a cambiar la gloria de Dios en semejanza de imagen, a la IA, realidad virtual extendida o aumentada, haciendo de ellas sus propios dioses. Sustituyen con adoración de ídolos el culto al Dios verdadero.

El mandamiento prohíbe la idolatría, y los profetas siempre amonestaron y exhortaron a los que en su necedad la practicaban. Aunque los dioses falsos que los hombres adoran no existen como tales; los demonios se encargan con frecuencia de representarlos y engañar a los hombres.

El hombre en su degradación y maldad crea por sí mismo dioses que reflejan sus propios deseos idólatras. Pero el Dios verdadero no está determinado por los deseos de los hombres, sino el que los determina. El Dios verdadero no les da lo que naturalmente desean, sino que Él es Todopoderoso para cambiar los deseos de las cosas en este mundo a las cosas que le honran y le glorifican, y cuando el ser humano está dispuesto a tomar una actitud de arrepentimiento y volverse a Él.

Recuerda esto, Dios es más que una máquina, o un proyecto tecnológico. Él es manifestado, en tres personas: la persona del Padre, del Hijo y del Espíritu Santo, obrando juntos para cumplir el mayor acto de amor, compasión y misericordia en este mundo. La perfecta expiación, redención y justificación de todos aquellos que se determinan a confesar y reconocer a Jesucristo como la única fuente de Salvación y Vida Eterna.

Es notorio que esta es la verdad de Dios revelada a un mundo que agoniza en enemistad abierta para con Él. No postergues tan determinante decisión antes que sea demasiado tarde.

El acontecer de los últimos tiempos debe incentivarte a profundizar más en la Biblia y en la oración. No hay tiempo para la complacencia. Acércate a Él, síguelo sin desmayar, sin desanimarte y obedécelo en cada parte de tu vida.

El Metaverso

Hace miles de años, Dios le dio a los profetas detalles sobre los días en los que vivimos; permite que esto te consuele, porque Él seguirá teniendo el control de todo, descansa en Él y en la infalibilidad de Sus promesas.

Este es un llamado de alerta, para que los fieles creyentes en Cristo puedan despertar del sueño adormecedor de la indiferencia y apatía, no permitiendo que la tecnología reemplace en vuestras vidas al único Dios verdadero.

Mateo 24:44
"Por tanto, también vosotros estad preparados; porque el Hijo del Hombre vendrá a la hora que no pensáis"

Por eso tú que todavía no has reconocido a Dios en Jesucristo, arrepiéntete de tus pecados y cree en Su obra hecha en la cruz y en Su resurrección, porque el Reino de los Cielos está cerca.

CAPÍTULO 7

La Tecnología: La Moderna Torre de Babel

La Tecnología: La Moderna Torre de Babel

Es evidente que la tecnología en todas sus ramificaciones está llegando en la actualidad a niveles por demás impensables. La Computación Cuántica y la Inteligencia Artificial (IA) está llegando al momento de una inevitable convergencia de estas dos tecnologías.

Los avances actuales de la Inteligencia Artificial ya dejan impactados a muchos. El hombre de hoy espera todas las respuestas de la ciencia y al ver la rapidez en los avances tecnológicos, cada vez más tiene esperanzas en ellas.

Uno de los obstáculos que la tecnología ha logrado resolver es vencer la barrera del lenguaje y los idiomas en la cultura moderna. Hoy es posible comunicarse con personas que hablan otros idiomas. Esta es la razón por qué la mentalidad de la moderna globalización va acondicionando a la humanidad muy sutilmente para aceptar progresivamente todo lo que se va implementado en forma acelerada en las naciones. Al ver todo lo que acontece en la actualidad, es inevitable reflexionar en lo que sucedía al principio de la humanidad. En Génesis 11:1-9 se puede leer lo siguiente:

"Tenía entonces toda la tierra una sola lengua y unas mismas palabras. ² Y aconteció que cuando salieron de oriente, hallaron una llanura en la tierra de Sinar, y se establecieron allí. ³ Y se dijeron unos a otros: Vamos, hagamos ladrillo y cozámoslo con fuego. Y les sirvió el ladrillo en lugar de piedra, y el asfalto en lugar de mezcla. ⁴ Y dijeron: Vamos, edifiquémonos una ciudad y una torre, cuya cúspide llegue al cielo; y hagámonos un nombre, por si fuéremos esparcidos sobre la faz de toda la tierra. ⁵ Y descendió Jehová para ver la ciudad y la torre que edificaban los hijos de los hombres. ⁶ Y dijo Jehová: He aquí el pueblo es uno, y todos estos tienen un solo lenguaje; y han comenzado la obra, y nada les hará desistir ahora de lo que han pensado hacer. ⁷ Ahora, pues, descendamos, y confundamos allí su lengua, para que ninguno entienda el habla de su compañero. ⁸ Así los esparció Jehová desde allí sobre la faz de toda la tierra, y dejaron de edificar la ciudad. ⁹ Por esto fue llamado el nombre de ella Babel, porque allí confundió Jehová el lenguaje de toda la tierra, y desde allí los esparció sobre la faz de toda la tierra".

Al leer estos textos bíblicos vemos una semejanza con los tiempos actuales. Me detendré en este punto para profundizar este tema desde una perspectiva totalmente bíblica y analizarlo con respecto a lo que acontece hoy en día:

1.- Una sola lengua y unas mismas palabras

Dios había creado al hombre con la capacidad de comunicarse con él, pero ese mismo don que le otorgó en un principio lo iba a usar en su contra para dividir la raza. Esto sucedió porque el culto apóstata de Babel indicaba que el hombre en su soberbia se había vuelto en contra de Él mismo.

2.-"Hagamos ladrillo, edifiquemos una ciudad y una torre y finalmente hagámonos un nombre"

Después del diluvio una parte de la humanidad se dispersó bajo la dirección del poderoso Nimrod, y decidieron fundar una ciudad como monumento a su soberbia y para su propia vanagloria y ostentación. Es muy evidente que la Torre, aunque formaba parte de su malévolo plan, no fue solo el acto principal de su rebelión. Fue también la soberbia humana la que condujo a estos hombres a intentar desafiar a Dios mismo. Ellos rehusaron por completo seguir extendiéndose para llenar la tierra como se les había ordenado. De hecho, esta construcción fue un esfuerzo de Nimrod y del pueblo por desobedecer el mandamiento y el principio de Dios y con ello intentar frustrar el requerimiento del cielo.

3.-"Cuya cúspide llegue al cielo"

Ellos querían construir una torre alta como un monumento a sus capacidades humanas. Es decir, una torre que fuese dedicada a su fama. Al hacerlo desobedecieron totalmente a Dios e intentaron robar la gloria que solo a Él le pertenece.

4.-"Nada les hará desistir"

Ellos estaban tan unidos que hicieron todo lo que estuvo a su alcance para sacar adelante su plan, rechazando por completo lo que Dios mismo les había determinado.

5.-"Descendamos, y confundamos..."

Dios confrontó su rebelión en su primer acto. Ellos habían decidido asentarse, pero Él los forzó a esparcirse.

Lo que se puede observar en Génesis 11, es el reflejo de una comunidad avanzada para su tiempo, la cual decidió hacer una torre que les permitiera llegar hasta el cielo y les diera la fuerza, la autoridad y la capacidad para dominar el mundo, sin ser esparcidos por la tierra.

Al observar esta secuencia histórica de los eventos, es de resaltar que quien está familiarizado con la Palabra de Dios y particularmente con las profecías de la Biblia, puede entender lo siguiente:

1.-Nimrod trataba de restaurar el sistema que

existía antes del diluvio por medio de un gobierno mundial, dirigido por un sacerdote rey, facultado directamente con el poder de satanás.

2.-Cuando Dios intervino para impedir el plan de Nimrod, satanás alteró su estrategia, e instituyó un falso sistema de religiones que sería depositario de los misterios más oscuros, hasta el tiempo en que le fuese posible establecer tal supuesto y corto reino.

3.-Estos misterios de engaños han sido mantenidos hasta este momento por un grupo selecto, de hombres y mujeres que han deseado alinearse con las tinieblas. Ha habido períodos de la historia en los cuales se ha aceptado públicamente el lado más oculto y tenebroso de los misterios, y períodos en los que se ha suprimido el ocultismo.

4.-La Biblia registra que en los últimos días se levantará un imperio global, comandado por la bestia, el anticristo, quien se autoproclamará como el Cristo. Esta potencia estará acompañada por una iglesia mundial, la cual usará el anticristo y después de que sirva a su propósito se deshará de ella. La bestia declarará asimismo que es el mesías de los judíos y el heredero legítimo al trono de David.

5.-La bestia manifestara los secretos de los misterios que han sido guardados fielmente por aquellos que le sirvieron durante milenios, como prueba de su posición para establecer plenamente su reino, que será finalmente derrotado y destruido, por el único Rey de reyes, Jesucristo El Señor.

6.-Proféticamente es evidente que el proceso del fracaso inevitable de la raza humana que culminará en el Armagedón, comenzó con Nimrod y la construcción de la torre de Babel. Las religiones antiguas misteriosas estaban y están en oposición directa a la adoración del Dios de la Biblia, Nimrod era siervo de Lucero, y la torre de Babel era un símbolo de su desafío en contra del plan Divino para la raza humana.

7.-Como resultado de estos hechos, durante cuatro milenios desde que se abandonara su construcción, incluso la referencia más vaga a la torre de Babel como una imagen positiva para cualquier cosa que pudiera emprenderse, era algo inconcebible.

8.-Es de notar que esta percepción comenzó a cambiar desde la década de 1980, cuando la imagen de la torre de Babel comenzó a aparecer en el material para promocionar la Unión Europea. El apóstol Juan representa la unión de este sistema religioso y político, usando el símbolo de una mujer que cabalga sobre una bestia escarlata. El grabado impreso en el Euro, la moneda de la Unión Europea, al igual que muchos documentos oficiales, estampillas y otros, representan a Europa con esta imagen profética revelada en el libro de Apocalipsis.

9.-La imagen de la ramera también aparece en una pintura gigantesca que se encuentra en el nuevo edificio del Parlamento de la Unión Europea en Bruselas, y en una escultura inmensa frente al edificio del Nuevo Concilio de Ministros en Bruselas.

Es muy notorio que esto, no debe sorprender a quien estudia y conoce la Biblia, quien comprende la ramificación total de la política moderna globalista. Lo que estás viendo en la Unión Europea es sólo la personificación de las filosofías y creencias que van permeando y acondicionando el camino hacia los últimos tiempos.
El principio que Dios establece a la humanidad en la Torre de Babel es que el hombre no puede llegar al cielo por sus propios medios, fuerzas o conocimientos naturales. Esto solo fue posible cuando Dios se hizo hombre en su Hijo Jesucristo, y acercó el Reino de los Cielos a la humanidad. El "Metaverso" no es más que otro

intento por obtener una realidad como la que ofrece el Señor en pasajes como:

El Reinado del Mesías

Isaías 1:1-5

"Saldrá una vara del tronco de Isaí, y un vástago retoñará de sus raíces. ² Y reposará sobre él el Espíritu de Jehová; espíritu de sabiduría y de inteligencia, espíritu de consejo y de poder, espíritu de conocimiento y de temor de Jehová. ³ Y le hará entender diligente en el temor de Jehová. No juzgará según la vista de sus ojos, ni argüirá por lo que oigan sus oídos; ⁴ sino que juzgará con justicia a los pobres, y argüirá con equidad por los mansos de la tierra; y herirá la tierra con la vara de su boca, y con el espíritu de sus labios matará al impío. ⁵ Y será la justicia cinto de sus lomos, y la fidelidad ceñidor de su cintura"

Cielos Nuevos y Tierra Nueva

Isaías 65:17-21

"Porque he aquí que yo crearé nuevos cielos y nueva tierra; y de lo primero no habrá memoria, ni más vendrá al pensamiento. ¹⁸ Mas os gozaréis y os alegraréis para siempre en las cosas que yo he creado; porque he aquí que yo traigo a Jerusalén alegría, y a su pueblo gozo. ¹⁹ Y me alegraré con Jerusalén, y me gozaré con mi pueblo; y nunca más se oirán en ella voz de lloro, ni voz de clamor. [20] No habrá más allí niño que muera de pocos días, ni viejo que sus días no cumpla; porque el niño morirá de cien años, y el pecador de cien años será maldito. [21] Edificarán casas, y morarán en ellas; plantarán viñas, y comerán el fruto de ellas".

Apocalipsis 21:22-27

"Y no vi en ella templo; porque el Señor Dios Todopoderoso es el templo de ella, y el Cordero. [23] La ciudad no tiene necesidad de sol ni de luna que brillen en ella; porque la gloria de Dios la ilumina, y el Cordero es su lumbrera. [24] Y las naciones que hubieren sido salvas andarán a la luz de ella; y los reyes de la tierra traerán su gloria y honor a ella. [25] Sus puertas nunca serán cerradas de día, pues allí no habrá noche. [26] Y llevarán la gloria y la honra de las naciones a ella. [27] No entrará en ella ninguna cosa inmunda, o que hace abominación y mentira, sino solamente los que están inscritos en el libro de la vida del Cordero".

Apocalipsis 22:1-5

"Después me mostró un río limpio de agua de vida, resplandeciente como cristal, que salía del trono de Dios y del Cordero. [2] En medio de la calle de la ciudad, y a uno y otro lado del río, estaba el árbol de la vida, que produce doce frutos, dando cada mes su fruto; y las hojas del árbol eran para la sanidad de las naciones. [3] Y no habrá más maldición; y el trono de Dios y del Cordero estará en ella, y sus siervos le servirán, [4] y verán su rostro, y su nombre estará en sus frentes. [5] No habrá allí más noche; y no tienen necesidad de luz de lámpara, ni de luz del sol, porque Dios el Señor los iluminará; y reinarán por los siglos de los siglos".

Todo esto muestra una verdadera realidad de perfecta paz, justicia, amor y gozo creciente. Una realidad en la que la productividad del ser humano será completa sin el obstáculo del pecado y la maldad. Una realidad en la que las relaciones personales serán profundas y totalmente satisfactorias, sin egoísmo, envidia o codicia.

Este es un anhelo perfectamente entendible, natural e innato en el ser humano. Pero lamentablemente el "Metaverso" será, como sucedió con la Torre de Babel, un enorme fracaso, porque todo lo que este ha construido bajo principios humanos; es opuesto abiertamente a Dios y a su voluntad perfecta, y en condiciones de soberbia y rebelión no podrá prevalecer.

Lo que los grandes tecnólogos y tecnócratas no entienden es que hasta que el pecado del ser humano no sea quitado, ningún universo estará libre de maldad. El pecado está en el ser humano como parte de su propia naturaleza y todo lo que toque -cualquier mundo en el que interactúe-, se verá contaminado por él.

Romanos 6:12-14

No reine, pues, el pecado en vuestro cuerpo mortal, de modo que lo obedezcáis en sus concupiscencias; ¹³ ni tampoco presentéis vuestros miembros al pecado como instrumentos de iniquidad, sino presentaos vosotros mismos a Dios como vivos de entre los muertos, y vuestros miembros a Dios como instrumentos de justicia. ¹⁴ Porque el pecado no se enseñoreará de vosotros; pues no estáis bajo la ley, sino bajo la gracia.

De manera que aún cuando la presentación del Metaverso pueda sonar como algo perfecto e ingenioso; rápidamente verá cómo la maldad comenzará a tener dominio sobre esa nueva realidad virtual. Pronto será usada para el mal, pues terminará destruyendo al ser humano, y esto sin profundizar del potencial que tendrá para deshumanizar a la humanidad.

Este mundo caído siempre nos recuerda que aún no estamos en el cielo; y que de acuerdo con lo que determina la Palabra de Dios, fuimos creados para algo mejor, más excelente y glorioso; libre del pecado, rebelión e iniquidad, por medio de Jesucristo Señor y Salvador de todo aquel que en crea en Él.

De manera que no pasará mucho tiempo después

del lanzamiento del Metaverso, para que el hombre se dé cuenta de que eso tampoco ni lo saciará ni lo llenará completamente; pues necesitará más y más.

Lo que muchos desconocen y no ven es que el corazón del hombre solo encontrará esa plena y absoluta satisfacción en la presencia de Dios, porque finalmente fuimos creados para Él, para vivir y habitar en Su presencia y disfrutar de Su gloria.

Todo lo que ha sido creado en este mundo es una sombra de Él, por tal motivo todo el que se acerca y depende de Dios, entenderá que fue creado para habitar en la realidad de la eternidad divina y no en la sombra de una imagen ilusoria e irreal.

Millones de personas no están entiendo que, para acceder a esa realidad perfecta, de relaciones personales totalmente satisfactorias, de productividad completa, y de gozo absoluto y creciente no necesitamos tecnología, ni realidad virtual aumentada o extendida; lo que cada hombre y mujer necesita es a Jesucristo, fuente de salvación y vida eterna.

El camino para poder vivir en una realidad perfecta no son unas gafas o un casco VR; es un Rey. Solo cuando Jesucristo regrese para gobernar sobre este mundo y destruir definitivamente el pecado en la tierra, tomando control sobre la realidad existente, y "se haga su voluntad en la tierra, así como en el cielo", entonces habrá un mundo lleno de gloria el cual nunca ha sido experimentado hasta hoy, y que será completamente un Reino de justicia, paz e incorruptibilidad. Las buenas noticias son que el propósito de Dios para la humanidad ya se cumplió en la obra de expiación de Jesús y Él ya vino por primera vez, venciendo el pecado y la muerte en la cruz, y resucitando. Mostrándonos con ese acto un adelanto de cómo sería esa realidad gloriosa y perfecta cuando Él regrese. De manera que, por medio de la fe en Él, la confianza en Su obra y en su perfecto sacrificio, puedes tener la esperanza que un día vivirás en esa nueva y verdadera realidad que tu corazón anhela con tanta fuerza.

Para Eso Tienes Que Estar Preparado

Aunque en este momento no se sepa a ciencia cierta qué va a pasar en los próximos años y cuánto tiempo será necesario para que el Metaverso comience a funcionar en toda su capacidad; si hay algo claro: los creyentes fieles deben estar listos para responder a los profundos anhelos del ser humano con el

Evangelio de Jesucristo.

El Metaverso no es más que otro intento; otra pseudo esperanza para salir de este mundo caído. La iglesia de Jesucristo debe estar preparada para seguir mostrando en dónde está la verdadera esperanza para llegar a heredar la vida Eterna con Él.

Hoy «la torre» bien puede ser la tecnología que el hombre está edificando con la intención de llegar al cielo -el mismo pensamiento del llamado querubín-, y de hacerse de un nombre -una reputación y fama-, no como la que Dios nos da a sus hijos; sino una en la que el hombre llegue a las cúspides del poder, creyéndose un dios en la tierra. Este es el anhelo que siempre ha tenido el hombre desde el comienzo de la humanidad, y que Hollywood recrea con tanto ahínco, produciendo películas de superhéroes que condicionan la mente de los más jóvenes.

El observar todo esto conduce a leer lo que se menciona en el libro de Apocalipsis cuando menciona el "infundir aliento"; en la Biblia se habla de dar vida y sabemos que el único dador y sustentador de la vida es Dios.

Apocalipsis 13:5-6
[5] También se le dio boca que hablaba grandes cosas y blasfemias; y se le dio autoridad para actuar

cuarenta y dos meses. ⁶ Y abrió su boca en blasfemias contra Dios, para blasfemar de su nombre, de su tabernáculo, y de los que moran en el cielo.

Debemos tener en cuenta que Apocalipsis se refiere a hechos reales que han sucedido y que sucederán y que el hombre será plenamente consciente de todo eso.

¿Podría «la Imagen» referirse a una computadora?

Volviendo al punto anterior analicemos lo siguiente: ¿Podría ser que «infundir aliento» se refiera a la IA como una manifestación de conciencia? dado que una imagen o cualquier tecnología actual es inerte.

¿Tendrá relación «una marca» con el concepto de «marca comercial que conocemos hoy?

La referencia numérica ¿se podría relacionar con la base numérica de los sistemas computacionales?

Las famosas redes neurales que hoy están en desarrollo con aplicaciones muy puntuales están demostrando su sobrada potencia. Estas redes neurales se alimentan con información que de manera análoga al cerebro humano aprenden al ver y oír la información a la que es expuesta, logrando una sinapsis haciendo al sistema responder como si hubiera sido entrenado.

Pero más allá de todo esto y muy por encima del pensamiento humano, está la voluntad y soberanía de Dios; la verdad absoluta en las Escrituras y sus profecías que se han cumplido y se seguirán cumpliéndose literalmente y de las evidencias notorias en las que se puede testificar, porque solo Él nos ha dado la verdad y la revelación por medio del Espíritu Santo en la persona de su hijo Jesucristo.

Puedo ver un sentido de urgencia y de alerta, en cuanto a los últimos tiempos, ya que todo esto está señalándonos lo que nos está tocando vivir. Lo importante es que, en medio de toda esta panorámica, encontramos en las Escrituras la verdad central e irrefutable plasmada en su Palabra, que son las promesas de ser librados de lo que le deparará a este mundo. El deber de cada fiel y obediente cristiano es que mientras eso acontezca, debe continuar predicando el Evangelio con tenacidad y pasión a toda criatura.

CAPÍTULO 8

¿Qué es la Trascendencia e Inmanencia?

¿Qué es la Trascendencia e Inmanencia?

Lo cierto es que la generación actual está entrando en una época de crisis de trascendencia.

Este es un concepto que se usa en las religiones para explicar la condición de no estar conectado al mundo material, real y finito, sino, por el contrario, a lo inmaterial e infinito. Este término parece ser el más acertado cuando se habla de la condición de la humanidad actual.

Para nadie es un secreto que los programas de cómputo creados por el hombre en la actualidad cada vez están más avanzados y los hardware más sofisticados, tienen más información que la biblioteca más grande del mundo.

Es tanto el poder que está adquiriendo la IA (inteligencia artificial) que muchos en esta hora están creyendo que los seres humanos tienen la potestad para crear sus propios dioses.

Isaías 55:8-9

[8] "Porque mis pensamientos no son vuestros pensamientos, ni vuestros caminos mis caminos, dijo

Jehová. ₉ Como son más altos los cielos que la tierra, así son mis caminos más altos que vuestros caminos, y mis pensamientos más que vuestros pensamientos".

La Biblia dice que Dios creó al hombre a su imagen y semejanza, pero ahora, algunos están intentando hacer sus propios "dioses" creados bajo una apariencia humana, pero llenos de pretensión y demencia.

¿Qué Significa Trascendencia?

Como lo expliqué anteriormente, este concepto hace referencia a la condición de no estar conectado al mundo material, sino, por el contrario, formar parte de lo inmaterial e infinito. En este sentido, la trascendencia es una condición divina que se atribuye, sola y exclusivamente a Dios, pues Él está por encima del mundo terrenal, y su existencia es perfecta. El concepto de trascendencia, como tal, tiene particular importancia para la teología y para la comprensión de todo lo que tenga que ver con la deidad de Dios.

TRASCENDENTE

Cuando se utiliza la palabra trascendente, se refiere a todo aquello que está por arriba o más allá de la experiencia o el conocimiento humano común; lo que se extiende más allá de las limitaciones e intereses humanos y terrenales. Dios es trascendente y siempre va más allá de tu comprensión y naturaleza.

Por otra parte, Dios es también inmanente, de modo que su trascendencia no lo hace lejano ni distante. Con ser trascendente, Él es personal y se ha dado a conocer a través de Jesucristo. El concepto bíblico combina las ideas de la inmanencia y la trascendencia: Dios es inmanente en el sentido de que Él está presente en todas partes y que el orden de la naturaleza revela en forma inequívoca su acción, poder y soberanía eterna. Por lo cual se puede afirmar que Dios es el origen de todas las cosas, que todo está en Él y no existe nada que esté fuera de su presencia porque Dios es la plenitud. No hay existencia que pueda explicarse sin la presencia de Dios.

Al tener esta perspectiva ¿cómo se pueden entender sus Atributos Divinos? Te invito a que puedas analizar esto cuidadosamente mientras continúas leyendo lo siguiente:

1. **Atributos morales:** Son aquellos que pertenecen al trato de Dios con la humanidad:

-Santidad

- Justicia
- Fidelidad
- Misericordia
- Amor
- Bondad

2. **Atributos naturales:** Son aquellos que tienen que ver con su relación con el universo y todo lo creado:

- Omnipotente
- Omnipresente
- Omnisciente
- Sabio
- Soberano

La inmanencia divina se complementa con la trascendencia de Dios, aunque los mismos no son atributos divinos, sino que son términos que ayudan a describir la relación de Dios con la creación.

Por inmanencia de Dios se puede entender que Él está activo y cercano a la creación, y la trascendencia nos ayuda a comprender que Dios está fuera de la creación; en el sentido de que es superior a la misma.

La veracidad bíblica de este término nos dice que toda la creación depende del cuidado de Dios.

Salmos 104:25-35

"He allí el grande y anchuroso mar, En donde se mueven seres innumerables, Seres pequeños y grandes. [26] Allí andan las naves; Allí este leviatán que hiciste para que jugase en él. [27] Todos ellos esperan en ti, Para que les des su comida a su tiempo. [28] Les das, recogen; Abres tu mano, se sacian de bien. [29] Escondes tu rostro, se turban; Les quitas el hálito, dejan de ser, Y vuelven al polvo. [30] Envías tu Espíritu, son creados, Y renuevas la faz de la tierra. [31] Sea la gloria de Jehová para siempre; Alégrese Jehová en sus obras. [32] Él mira a la tierra, y ella tiembla; Toca los montes, y humean. [33] A Jehová cantaré en mi vida; A mi Dios cantaré salmos mientras viva. [34] Dulce será mi meditación en él; Yo me regocijaré en Jehová. [35] Sean consumidos de la tierra los pecadores, Y los impíos dejen de ser. Bendice, alma mía, a Jehová. Aleluya".

Toda la creación revela la creatividad, la bondad y la sabiduría de Dios. El contemplar la naturaleza a nuestro alrededor nos lleva a glorificarlo solo a Él, por su perfecta creación. Así mismo, al ver la humanidad podemos considerar las personas como creación única de Dios, con sus talentos, habilidades y dones especiales. El Salmo 104 por ejemplo, habla de la soberanía de Dios en la historia, entendiendo que solo su poder supremo e ilimitado está sobre el universo entero. Dios crea, preserva y gobierna; por lo tanto, también es capaz de ocuparse de nosotros, su máxima creación. Hoy en día, muchos tienen la audacia de pensar que no necesitan a Dios; sin embargo, cada suspiro que damos se debe al aliento de vida que Él sopló en cada uno de nosotros. Dios no solamente te ha dado la vida, sino que también desea lo mejor para ti. Esta es la razón por la que debes buscarle día a día, conociendo su voluntad en todo lo que hagas.

No Existe Lugar en el Cual No Esté Dios

Jeremías 23:24

"¿Se ocultará alguno, dice Jehová, en escondrijos que yo no lo vea? ¿No lleno yo, dice Jehová, el cielo y la tierra?"

Los hombres no deben engañarse con la idea de que puedan esconder sus artimañas de Dios. Él es Omnipresente y Omnisciente, tanto en sentido inmanente como trascendente.

DIOS ESTÁ CERCANO A TODOS NOSOTROS

Hechos 17:27-28

"para que busquen a Dios, si en alguna manera, palpando, puedan hallarle, aunque ciertamente no está lejos de cada uno de nosotros. 28 Porque en él vivimos, y nos movemos, y somos; como algunos de vuestros propios poetas también han dicho: Porque linaje suyo somos".

El propósito de Dios para el hombre es revelarse a sí mismo como el creador y soberano de todo lo que existe. Los hombres no pueden excusarse de no conocer acerca de su grandeza; porque Él se ha revelado así mismo en el mundo físico a través de la naturaleza y todo lo que existe. Está es la razón por la que la Palabra de Dios afirma que en Él vivimos, nos movemos y somos. Si el hombre es el linaje de su creación, sería necio pensar que Dios no es más que un ídolo de fabricación humana. Este razonamiento hace evidente cuán absurda es la idolatría y el engaño en el que sucumben los humanos. Por otra parte, esto evidencia cuán vana es toda esperanza humana de pretender huir de Dios.

¿A dónde irás? ¿En dónde te esconderás? ¿Qué harás?

Él no está lejos de ti, y si lo buscas de todo corazón puedes tener la firme convicción que lo hallarás. No tendrás que subir a lo alto, ni sumergirte en lo más profundo del mar para encontrarlo, porque Dios no está lejos de ti. Cuando te acuestas o te levantas, Él está presente. Puedes acudir a su presencia en todo momento. Como dice su Palabra en:

Isaías 55:6
"Buscad a Jehová mientras puede ser hallado, llamadle en tanto que está cercano".

La Omnipresencia llena de regocijo a todos aquellos que anhelan de Dios cada día. Que refrescante es saber que el Señor está cerca. No hay motivo para pensar que Él no puede perdonarte, si Dios está cercano a todos los que buscan con un corazón sincero y por lo tanto la esperanza de su gloria te cubre.

En el momento de la Creación también podemos apreciar la inmanencia divina

Génesis 1:2
"Y la tierra estaba desordenada y vacía, y las tinieblas estaban sobre la faz del abismo, y el Espíritu de Dios se movía sobre la faz de las aguas".

La afirmación de que Dios creó los cielos y la tierra es uno de los conceptos más desafiantes que enfrenta la mente moderna. Él decidió crear un universo maravilloso. Creó también al mundo y la humanidad como una expresión de su amor. Por lo tanto, debes evitar reducir la creación de Dios a términos meramente científicos o conclusiones humanas. La historia de la creación te enseña mucho acerca del Creador y también acerca del hombre mismo. Cuando Dios acondicionó este mundo para ser la

¿Qué es la Trascendencia e Inmanencia?

morada del ser humano; este no comenzó a existir por sí solo. Dios lo creó y surgió de la voluntad y la palabra de un Creador infinitamente sabio. Por otra parte, cuando leemos las Escrituras vemos como estaba la condición del alma antes de que Dios, en su gracia, comenzara a obrar en la persona. Ella estaba desordenada y vacía, y no había nada bueno en ella.

Génesis 2:7
"Entonces Jehová Dios formó al hombre del polvo de la tierra, y sopló en su nariz aliento de vida, y fue el hombre un ser viviente".

La vida y el valor del hombre provienen del Espíritu de Dios. Muchos se jactan de sus logros y habilidades como si ellos fueran los que originaran sus propias fuerzas. La realidad es que el valor como persona no proviene de tus logros personales sino del Dios del universo que decide darte el regalo misterioso y milagroso de la vida.

La Creación y Su Palabra Revelan Su Grandeza

Salmos 19:1-3
"Los cielos cuentan la gloria de dios, y el firmamento

anuncia la obra de sus manos. Un día emite palabra a otro día, y una noche otra noche declara sabiduría. No hay lenguajes, ni palabras, ni es oída su voz".

a.-Cuando Dios se revela por medio de la naturaleza puedes aprender sobre su poder y tu condición limitada.

b.-Cuando Dios se revela por medio de las Escrituras aprendes acerca de su santidad y de la naturaleza pecaminosa del hombre.

c.-Cuando Dios se revela por medio de las experiencias diarias, aprendes acerca de su bondad, misericordia y perdón que te libera de la culpa.

Los cielos son la evidencia más extraordinaria de su existencia, poder, amor y cuidado. Decir que el universo es el resultado de la casualidad es absurdo, porque su diseño, complejidad y orden señalan hacia un Creador.

Cuando contemplas la obra de Dios en la naturaleza y en los cielos, debes darle gracias por la maravillosa belleza y por la verdad que esta revela acerca de Él. La naturaleza señala su existencia y la Biblia proclama el plan redentivo desde el principio.

El testimonio del universo aparece consecuente y claro, pero la pecaminosa humanidad lo resiste de forma persistente. Por esta razón, la revelación general no puede convertir a los pecadores, pero los hace enormemente responsables. La salvación viene sólo mediante la revelación especial, es decir, según la Palabra de Dios que es aplicada eficazmente por el Espíritu Santo.

Omnipresencia y Omnisciencia de Dios

Salmos 139:1-24

" Oh Jehová, tú me has examinado y conocido. 2 Tú has conocido mi sentarme y mi levantarme; Has entendido desde lejos mis pensamientos. 3 Has escudriñado mi andar y mi reposo, Y todos mis caminos te son conocidos. 4 Pues aún no está la palabra en mi lengua, Y he aquí, oh Jehová, tú la sabes toda. 5 Detrás y delante me rodeaste, Y sobre mí pusiste tu mano. 6 Tal conocimiento es demasiado maravilloso para mí; Alto es, no lo puedo comprender. 7 ¿A dónde me iré de tu Espíritu? ¿Y a dónde huiré de tu presencia? 8 Si subiere a los cielos, allí estás tú; Y si en el Seol hiciere mi estrado, he aquí, allí tú estás. 9 Si tomare las alas del alba Y habitare en el extremo del mar, 10 Aun allí me guiará tu mano, Y me asirá tu diestra. 11 Si dijere: Ciertamente las tinieblas me encubrirán; Aun la noche resplandecerá alrededor de mí. 12 Aun las tinieblas no encubren de ti, Y la noche resplandece como el día; Lo mismo te son las tinieblas que la luz. ¹³ Porque tú formaste mis entrañas; Tú me hiciste en el vientre de mi madre. ¹⁴ Te alabaré; porque formidables, maravillosas son tus obras; Estoy maravillado, Y mi alma lo sabe muy bien.¹⁵ No fue encubierto de ti mi cuerpo, Bien que en oculto fui formado, Y entretejido en lo más profundo de la tierra.¹⁶ Mi embrión vieron tus ojos, Y en tu libro estaban escritas todas aquellas cosas Que fueron luego formadas, Sin faltar una de ellas. ¹⁷ ¡Cuán preciosos me son, oh Dios, tus pensamientos! ¡Cuán grande es la suma de ellos! ¹⁸ Si los enumero, se multiplican más que la arena; Despierto, y aún estoy contigo. ¹⁹ De cierto, oh Dios, harás morir al impío; Apartaos, pues, de mí, hombres sanguinarios. ²⁰ Porque blasfemias dicen ellos contra ti; Tus enemigos toman en vano tu nombre. ²¹ ¿No odio, oh Jehová, a los que te aborrecen, Y me enardezco contra tus enemigos? ²² Los aborrezco por completo; Los tengo por enemigos. ²³ Examíname, oh Dios, y conoce mi corazón; Pruébame y conoce mis pensamientos; ²⁴ Y ve si hay en mí camino de perversidad, Y guíame en el camino eterno".

Romanos 1:20
"porque las cosas invisibles de El, su eterno poder y deidad, se hacen claramente visibles desde la creación del mundo, siendo entendidas por medio de las cosas hechas, de modo que no tienen excusa".

La naturaleza nos muestra que Él es un Dios de poder, de inteligencia y detalles complejos; de orden y belleza; esplendor y hermosura. Por

¿Qué es la Trascendencia e Inmanencia?

medio de la creación, Dios revela su naturaleza divina y sus características personales, aun cuando el testimonio de la creación haya sido distorsionado por la caída del hombre. El pecado de Adán resultó en una maldición sobre todo el orden natural. Pablo dice que la naturaleza misma espera con ansiedad su propia redención de los efectos del pecado.

Dios es trascendente en el sentido que en su ser y majestad Él está infinitamente por encima de todo lo que es humano y temporal.

La interminable preocupación de la humanidad por sí misma, -comenzando desde el jardín del Edén-, ha alcanzado una condición crítica en estos tiempos actuales. El sentido de la trascendencia de Dios ha sido eclipsado en los corazones de las multitudes por fascinaciones en la escala inmanente.

¿Cómo Pueden Recurrir a Ídolos las Personas Inteligentes?

La idolatría empieza cuando la gente rechaza lo que conoce acerca de Dios mismo. En lugar de buscar al creador y sustentador de la vida, estas personas se ven así mismas como el centro del universo. Pronto inventan dioses que son proyecciones convenientes de sus propias ideas egoístas, ambiciosas y desenfrenadas.

Estos dioses pueden ser tanto figuras de madera como las metas que ellos quieren alcanzar. El denominador común, es que los idólatras les rinden culto a lo que Dios creó, en vez de adorar al Dios Todopoderoso. Todo esto describe con claridad la inevitable reacción que produce el pecado y la desobediencia, conduciendo al hombre para actuar de la forma que lo hace:

1.- Las personas rechazan intencionalmente a Dios.

2.- Después, inventan sus propias ideas de lo que un dios debe ser y hacer.

3.- Luego, caen en toda clase de perversiones, avaricias, odios, envidias, homicidios, peleas, engaños, conductas maliciosas y un consecuente estado de rebelión.

4.- Por último, llegan a rechazar y a odiar a Dios, incitando y animando a otros a que hagan lo mismo.

Cuando se adora lo creado en lugar del Creador, se pierde de vista la identidad propia como un ser hecho a la imagen de Dios que es superior a los animales. Los idólatras decidieron rechazar a Dios y Él les permitió que lo hicieran independizándose de Él, aun cuando ellos saben que con el tiempo llegarán a ser esclavos de sus propios deseos pecaminosos.

¿A Ti Te Parece Que Vivir Sin Dios es Libertad?

No hay peor esclavitud que ser esclavo del pecado. Los humanos tienden a creer las mentiras que reafirman sus propios prejuicios o sus estilos de vida egoístas.

Hoy, más que nunca, necesitas conocer cuáles son los fundamentos de tu creencia, ya que a menudo, el pecado no solo significa negar a Dios, sino también negar la forma en que Él nos creó. La humanidad está tan cautivada por lo horizontal que se olvida de mirar hacia lo vertical; El Señor alto y sublime, en palabras de Isaías.

Isaías 6:1-6

"El año en que murió el rey Uzias, vi el Señor sentado en un majestuoso trono, y el borde de su manto llenaba el templo. No existían poderosos Serafines, cada uno tenía seis alas. Con dos alas se cubrían el rostro, cuando se cubrían los pies y con dos volaban. Se decían unos a otros: Santo, Santo, Santo es el Señor de los ejércitos celestiales!! Toda la tierra está llena de su gloria! Sus voces sacudían el templo hasta los cimientos, y todo el edificio estaba lleno de humo. Entonces dije: ¡Todo se acabado para mí! Estoy condenado, porque soy un pecador. Tengo labios impuros, y vivo en medio de un pueblo de labios impuros; sin embargo, he visto al rey, el señor de los ejércitos celestiales. Entonces uno de los Serafines voló hacia mí con un carbón encendido que había tomado del altar con unas tenazas. Con el tocón mis labios y dijo:? Ves? Este carbón te ha tocado los labios. Ahora tu culpa ha sido quitada y tus pecados perdonados".

La crisis existencial de la falta del reconocimiento reverente por la trascendencia de Dios está siendo eclipsada por la tecnología que está desarrollando avances dramáticos en robótica. En una carrera acelerada por hacer que las máquinas de inteligencia artificial les sirvan mejor a los humanos; los tecnólogos del mundo cibernético están creando máquinas que muchos predicen, dominarán a la humanidad por completo.

> Si los diseñadores de IA solo ven las cosas en la escala inmanente; sus motivos, sin valores morales y ética se enfocarán sólo en lo horizontal, y por eso, hay mucho de qué preocuparse.

Los científicos y tecnólogos han llegado afirmar que en un futuro cercano podrían surgir

¿Qué es la Trascendencia e Inmanencia?

personas con el poder suficiente para manipular el ADN de su propia descendencia.

Aunque podrían crearse leyes contra tal despropósito en la ingeniería genética; sería difícil para los que tienen los medios económicos suficientes resistirse a la tentación de modificar a los seres humanos que engendran. El resultado sería una sociedad de dos niveles: "el sobrehumano y el no mejorado".

La inteligencia artificial facilitaría esta mejora de la raza, que, en última instancia, podría desplazar incluso a la humanidad mejorada.

"La IA podría desarrollar una voluntad propia, una voluntad que esté en conflicto con la humana y que podría destruir".

Recuerda que el mayor peligro, viene cuando la mente humana no está vinculada a la verdadera Trascendencia. Los algoritmos de aprendizaje automático que alimentan gran parte de la vida moderna ya son inescrutables; incluso sus diseñadores no saben realmente cómo toman las decisiones. El pensamiento reflexivo que podría haber llevado a las personas engañadas a ver que eran objeto de una gran artimaña sería imposible en el mundo del ruido constante.

> **El estruendo penetra en la mente, llenándola con una Babel de distracciones.**

Pero aparentemente, el mundo real en los días venideros tendrá su propia forma de dios. En ausencia de una visión trascendente, muchos han adoptado -a sabiendas o sin saberlo-; la religión del humanismo en la que lo humano es la medida de todas las cosas, y, por lo tanto, la energía central en estos tiempos.

> **Negar que el ser humano tiene una naturaleza espiritual es una mentira ideológica.**

La verdadera conciencia es una cuestión del espíritu, ¿dónde está entonces el lugar de conciencia en la máquina? Hay muchas pretensiones de trascendencia desde la adoración de los dioses, hasta el reconocimiento del derecho divino de los reyes.

Dios es el único que crea; sólo Él no se ve disminuido en su Ser y majestad o superado por su creación. Adorar al universo o a cualquier objeto dentro de él -incluidos los humanos y otras formas de vida-, es idolatría porque el universo no es trascendente.

Por lo tanto, los seres humanos están hechos para desear y reconocer la trascendencia. El corazón humano fue hecho por Dios, para Dios y solo Dios puede llenarlo. Cuando el hombre ignora y olvida la revelación bíblica y sus implicaciones, trata de crear sus propios objetos y seres trascendentes.

Si bien la inteligencia artificial puede ir más allá de la inteligencia humana y, por lo tanto, ser admirada e incluso adorada como trascendente; sólo podrá serlo en una escala relativa. Solo Dios es trascendente en lo absoluto, y este es el determinante principal entre la trascendencia verdadera y su falsificación. Solo Dios mora en perpetua Eternidad. Todo lo demás está encerrado en un tiempo finito, porque solo Él puede decir con total autoridad y firmeza **YO SOY**.

1 Samuel 2:2
No hay nadie como Santo como el Señor, de hecho no hay nadie aparte de ti, ni hay ninguna roca como nuestro Dios.
En este mundo tan acelerado, las amistades superficiales van y vienen, y las circunstancias cambian de manera continua. Es difícil encontrar una base sólida que no cambia, quienes dedican su vida a cosas limitadas y transitorias como logros, causas o posiciones nunca obtienen una seguridad firme. Las posesiones que te esfuerzas tanto por obtener pasarán, pero Dios permanece para siempre.

Pon tu esperanza en Él y recuerda que Él nunca falla, porque es cual roca fuerte.

CAPÍTULO 9

El Misterio Revelado de la Iglesia

Pablo dijo que proclamaba el mensaje de Dios en su totalidad, no solo una parte. Además, se refirió al plan de Dios como un mensaje que se mantuvo en secreto durante siglos y generaciones, no porque solo algunos podían entenderlo sino porque quedó oculto hasta la manifestación humanizada de Jesús, y por medio de Él se dio a conocer este plan a todos.

El plan secreto de Dios es: Cristo vive en ustedes. Dios planifico que su hijo Jesucristo, viviría en el corazón de todos los que creyeran en Él aún en gentiles como los colosenses, ¿conoces tú a Cristo? Si tú te acercas a Él encontrarás que no está escondido, tal como lo describe en el texto a continuación:

Colosenses 1:26-27
El misterio que había estado oculto desde los siglos y edades, pero que ahora ha sido manifestado a sus santos, ^{27} a quienes Dios quiso dar a conocer las riquezas de la gloria de este misterio entre los gentiles; que es Cristo en vosotros, la esperanza de gloria".

Esta porción bíblica habla de una verdad que

había permanecido oculta hasta ese momento, pero que fue revelada por primera vez a los santos en el Nuevo Testamento. El apóstol Pablo menciona que el plan divino desarrollado con relación a la iglesia era un misterio, y que ese plan ni siquiera había sido revelado anteriormente por los profetas del Antiguo Testamento pues era algo desconocido por la mente humana. Es a partir de Jesucristo y su gracia salvadora que se hace extensible también a los gentiles, y es cuando a Dios le place, revelarlo.

La Biblia relaciona la palabra misterio con aquello que es desconocido por el ser humano. Por lo tanto, las Escrituras utilizan este término para marcar en forma reveladora el propósito en la agenda del programa de Dios a través de los tiempos. Este plan divino no era algo desconocido pues ya había sido establecido desde la eternidad; pero permanecía oculto en los secretos de Dios -y esto nunca hubiera podido ser conocido a menos que Él lo hubiese revelado-. El hecho de que Israel endureció y cegó su corazón sirvió como el medio por el cual los gentiles pudieron ser llevados a una viva relación con Dios.

Esta fue la manera en que Dios determinó establecer la iglesia de Jesucristo, haciendo participantes tanto a judíos como gentiles y de esta manera formar un solo cuerpo; todo este mover fue planeado en los designios de su misma perfecta voluntad.

Bíblicamente la iglesia es un cuerpo vivo y unido a la Cabeza quién es Cristo mismo. Los miembros del cuerpo están incorporados entre ellos mismos y se necesitan los unos a los otros; lo que es la iglesia y lo que ella representa, lo encontramos en la primera carta que Pablo escribió a los Corintios en el capítulo 12.

Si has leído este pasaje y estás familiarizado con el mismo analicemos juntos las siguientes preguntas:

1.-¿Crees que un cuerpo fragmentado o mutilado con todos los miembros esparcidos puede vivir?
2.-¿Será que el cuerpo podría vivir sin un pie, una oreja o un ojo, sin un riñón?

1 Corintios 12:12
"porque, así como el cuerpo es uno, y tiene muchos miembros...".

Es muy evidente que Pablo compara el cuerpo de Cristo con un cuerpo humano. Cada parte tiene una función específica que es necesaria para el buen funcionamiento del cuerpo en su totalidad. Las partes del cuerpo son diferentes, tienen un propósito particular y deben trabajar juntas a pesar de sus diferencias. Los cristianos tienen que evitar dos errores comunes:

1.-Sentirse orgulloso de sus capacidades.
2.-O pensar que no tienen nada que ofrecer al cuerpo de creyentes.

E
n lugar de compararse unos a otros, deberían usar los diferentes dones para difundir la buena noticia de salvación.

Mientras que a ese cuerpo no le quiten la cabeza, podrá vivir, pero si un miembro como la oreja no quisiera seguir unida al resto del cuerpo, y hacer lo que le plazca, sería un despropósito. Es como si ella, por ejemplo, un día no quisiera integrarse con los demás miembros; y dijera: *"no voy a caminar más con ellos y no iré a congregarme donde ellos van, mejor me quedo en mi casa y veo el servicio por internet"*

¿Qué pasaría entonces con el resto del cuerpo que es la iglesia?

Si a un cuerpo le quitan un pie, entonces cojeara. Si le quitan un ojo, ya no tendrá la visión correcta; igualmente sucederá con cualquier parte del cuerpo que le sea eliminada o que ya no funcione adecuadamente. Cualquier falta de un miembro hará sufrir a todo el cuerpo y lo debilitará para cumplir su propósito. Hoy existen muchas iglesias que están sufriendo porque sus miembros se están quedando en casa, cuando en realidad podrían ir a la iglesia a integrarse al resto del cuerpo de Cristo.

La iglesia del Señor sufre cuando un grupo de sus miembros se convierte en miembros virtuales o a distancia, porque ya no están juntos "los unos con los otros" en el contexto eclesial como fue diseñada la iglesia desde el principio. ¡Esto no puede ser posible, ni tampoco existe ninguna base bíblica para justificarlo!

Si observas detenidamente lo que dice Pablo, con relación a la función del cuerpo de Cristo (la iglesia) entenderás lo que estoy compartiendo contigo. Todos los creyentes son bautizados por un Espíritu Santo y adheridos a un cuerpo de creyentes, siendo participantes de la familia de Dios. Todos compartimos el mismo Espíritu y estamos unidos en un solo cuerpo espiritual.

1 Corintios 12:14
"Además, el cuerpo no es un solo miembro, sino muchos".

De la manera como cada parte de un cuerpo humano es esencial para su funcionamiento adecuado, Pablo demostró que la unidad es una necesidad indispensable de la iglesia. No

obstante, la diversidad que Dios provea dentro de esa unidad también será necesaria.
La iglesia no es un individuo solitario, que interactúa solitariamente en un mundo de realidad virtual. Las redes sociales tienen sus contrariedades porque en lugar de integrar a la persona a la sociedad, la aíslan por completo en una condición de soledad.

1 Corintios 12:19
"Porque si todos fueran un solo miembro, ¿dónde estaría el cuerpo?"

Si una sola persona (el pastor) fuera el único miembro que está presente en la iglesia, ¿eso sería una iglesia?

1 Corintios 12:20
"Pero ahora son muchos los miembros, pero el cuerpo es uno solo".

Esta es la realidad, la iglesia no es solo el pastor, somos todos.

1 Corintios 12:21
"Ni el ojo puede decir a la mano: No te necesito, ni tampoco la cabeza a los pies: No tengo necesidad de vosotros".

Necesitamos estar juntos y unánimes; la presencia de todos es necesaria. Nos necesitamos los unos a los otros.

1 Corintios 12:24
"Porque los que en nosotros son más decorosos, no tienen necesidad; pero Dios ordenó el cuerpo, dando más abundante honor al que le faltaba".

Dios ha dado recursos espirituales necesarios para la iglesia; cada uno de nosotros forma parte de ese gran cuerpo de Cristo en la tierra y todos somos importantes y necesarios, aun los que no se consideran importantes o necesarios, si lo son.

1 Corintios 12:25
"para que no haya desavenencia en el cuerpo, sino que los miembros todos se preocupen los unos por los otros".

¿Cómo podrían preocuparse los unos por los otros si cada uno está en su casa, distante? ¿Cómo podrían adorar en comunión a Dios si cada quién está en su casa? Los creyentes estamos juntos en el mundo; el cristianismo individual o privado no existe.

Debes involucrarte en la vida de los demás y no solo disfrutar de tu propia relación con Dios en forma individual

1 Corintios 12:26
"De manera que, si un miembro padece, todos los

miembros se duelen con él, y si un miembro recibe honra, todos los miembros con él se gozan".

¿Cómo podrías velar de mejor manera por los miembros que sufren?, ¿cómo podrías tener esa comunión desde una iglesia virtual?

Este es un llamado al amor y al interés mutuo en la comunión de los creyentes para mantener la unidad que honra al Señor. Hay un solo cuerpo en el que todos funcionan y en el que cada uno puede ser parte sin perder jamás su identidad individual y el llamado específico que Dios les ha asignado a cada uno.

1 Corintios 12:27
"Vosotros, pues, sois el cuerpo de Cristo, y miembros cada uno en particular".

Sí eres un miembro individual con distintas funciones, pero no estás adherido al cuerpo no vas a funcionar. Los miembros que no están integrados en un cuerpo no tienen vida, y escucha esto: un miembro no va a vivir, si está separado del cuerpo pues la Cabeza es Cristo. Alejarse de la iglesia es alejarse de Jesús.

Si la iglesia no se esfuerza en regresar a la normalidad después de un tiempo como el que hemos pasado; el cuerpo de Cristo será afectado. Muchos miembros y muchas iglesias se han enfriado espiritualmente por este motivo.

La iglesia debe discernir en esta hora que es necesario regresar a estar presencialmente juntos; eso sí, hay que hacerlo con sabiduría, paciencia y precaución, y tomando todas las medidas que sean necesarias para preservar el cuidado de sus miembros.

La iglesia tiene que seguir viviendo los principios divinos por la cual ha sido llamada:

    1.- Bautismo.
    2.- Cena del Señor.
    3.- Enseñanza de la Palabra de Dios.
    4.- Oración unos por otros.
    5.- Adoración.
    6.- Responsabilidad y compromiso en el servicio a los demás.
    7.- Ofrendar.
    8.- Ejercer los dones espirituales.
    9.- Comunión y compañerismo.
    10.- Evangelización.
    11.-Ministerio personal a los que están en necesidad.

¿Cómo podrías hacer esto si solo interactúas en una realidad virtual inmersiva?

Lo más triste y preocupante de todo esto es que los "avatares virtuales" del Metaverso no podrán experimentar la presencia especial de Dios, de la misma manera que lo hacemos nosotros cuando nos reunimos como Iglesia para adorar al Señor. El autor de Hebreos en el capítulo 12 hace una diferencia entre el monte Sinaí y el monte Sion. Los judíos experimentaron la poderosa presencia de Dios de una forma alarmante y perturbadora al entregarles la ley mosaica en el monte Sinaí, pero que era muy distinta a lo que significaba el monte de Sion; pues este representa la reunión presencial de la iglesia cristiana.

La iglesia, cuando se reúne para algo muy especial y espiritual a la vez, se congrega junto con los santos para adorar al Señor.

Hebreos 12: 18
"Porque no os habéis acercado al monte que se podía palpar, y que ardía en fuego, a la oscuridad, a las tinieblas y a la tempestad,
19 al sonido de la trompeta, y a la voz que hablaba, la cual los que la oyeron rogaron que no se les hablase más,
20 porque no podían soportar lo que se ordenaba: Si aun una bestia tocare el monte, será apedreada, o pasada con dardo;
21 y tan terrible era lo que se veía, que Moisés dijo: Estoy espantado y temblando;
22 sino que os habéis acercado al monte de Sion, a la ciudad del Dios vivo, Jerusalén la celestial, a la compañía de muchos millares de ángeles,
23 a la congregación de los primogénitos que están

inscritos en los cielos, a Dios el Juez de todos, a los espíritus de los justos hechos perfectos,
24 a Jesús el Mediador del nuevo pacto, y a la sangre rociada que habla mejor que la de Abel".

Quizá muchos desde casa están distantes de Dios como en el monte Sinaí y no están disfrutando de su presencia viva como en el monte Sion. Esta es la gran diferencia entre congregarse de manera presencial o participar e interactuar con una realidad virtual y aumentada.

Debes integrarte sabiamente a esta nueva vida en Cristo y considerar regresar a congregarte nuevamente.

Hebreos 12:25
"no dejando de congregarnos, como algunos tienen por costumbre, sino exhortándonos; y tanto más, cuanto veis que aquel día se acerca".

Si no puedes congregarte presencialmente por una razón de peso; Dios te dará como siempre los recursos espirituales para fortalecer tu vida espiritual y que sigas siendo parte de la iglesia; pero si pudiendo congregarte no lo haces por temor a diferentes circunstancias; considera que el no ir a la iglesia coloca en riesgo la salud de tu vida espiritual.

Desafortunadamente, para muchas personas la iglesia no es una prioridad. Realizar otras actividades como dormir, ver partidos de fútbol, tener jornadas de entretenimiento o irse de vacaciones es la prioridad para muchos.

Cuando evitas la agenda de Dios y a su pueblo, cosechas las consecuencias. Si ya estás involucrado en una iglesia, permite que estas verdades te recuerden todas las bendiciones que disfrutas a través de estar unido al cuerpo de Cristo. Si no lo estás, que te pueda servir de aliento y advertencia.

Dejar de asistir a las reuniones cristianas significa renunciar al ánimo y a la ayuda de otros cristianos. Cada vez que te reúnes para hablar de tu fe, te fortaleces compartiendo con otros santos en el Señor. Recuerda que cuanto más te acercas al día en que Cristo volverá, más te enfrentarás a diferentes situaciones; luchas espirituales e incluso tiempos de grandes desafíos.

Las dificultades nunca deben servir de excusa para no congregarte. En cambio, a medida que estas surgen, debes hacer un mayor esfuerzo por ser fiel en asistir a las reuniones del lugar donde te congregas.

Muchos creen en las mentiras de la sociedad

secular, que dice que la iglesia no es necesaria. Otros rechazan la institución de la iglesia porque los líderes han abusado de su poder. Otros creen que pueden encontrar a Dios en lugares como la naturaleza o haciendo sus pasatiempos favoritos. Muchos no piensan en la iglesia porque no entienden su importancia para sus vidas espirituales y su responsabilidad como verdadero testigo de Jesucristo.

Mateo 16:26
"Porque ¿qué aprovechará al hombre, si ganare todo el mundo, y perdiere su alma? ¿O qué recompensa dará el hombre por su alma?

Oró para que Dios te dé sabiduría y seas prudente velando por tu vida espiritual. Que el Espíritu Santo llene cada instante de tu vida y te guíe cada día para que consideres lo importante que es no dejar de congregarte, aun en medio de cualquier circunstancia.

Esta exhortación la hago como una urgencia profética que requiere un aumento en la intensidad y el número de actividad entre más se acerca el día de Cristo. La adoración corporativa y la revelación de las Sagradas Escrituras en la congregación es una parte vital de la vida espiritual.

CAPÍTULO 10

Desde Una Perspectiva Profética

Desde Una Perspectiva Profética

Mientras compartía con los jóvenes de la iglesia Jesús Vive Hoy acerca del peligro del Metaverso me di cuenta de la urgente necesidad que existía de ahondar más en esta temática, para dar una voz de alerta a la Iglesia de Cristo, ante el peligro que hay en que muchas congregaciones caigan en la trampa del engaño que toda esta plataforma traería para las comunidades de fe.

Dios me ha llevado a estudiar acerca de este tema y a observarlo desde una perspectiva profética por medio de la revelación que traen las Sagradas Escrituras. No puedo negar que existen dos preguntas que me asaltan y que no dudo que todos los que somos creyentes deberíamos preguntarnos y analizar en esta hora:

- ¿Serán los humanos seducidos a vivir en una simulación de un mundo imaginario que no existe en absoluto?

- ¿Será esa existencia virtual similar a algo parecido a una película de ciencia ficción de Hollywood titulada *Matrix*?

La razón por la que estoy haciendo estas preguntas es porque el desarrollo de esta plataforma de contenido virtual, - que a su vez es una realidad extendida y aumentada, cuyo nombre es Metaverso-, en donde cada usuario es llevado a trabajar, jugar, aprender, comprar, vender e inclusive transferir su fe, está muy extendida y quiere tomar el control de la vida cotidiana de sus usuarios.

Es muy importante entonces que cada vez que nos enfrentemos a paradigmas de este tipo, los analicemos desde la perspectiva de Dios, -que, aunque vive fuera de nuestro tiempo y espacio presente-, es un Dios real y no es el producto de la imaginación de un avatar diseñado por la inteligencia artificial. El hombre por su parte es la creación perfecta de Dios, hecho a su imagen y semejanza y que por lo tanto vive en un cuerpo de carne hueso, que es finito y que nace para cumplir un propósito y darle la gloria al Dios Todopoderoso que lo creó.

Nuestros cuerpos humanos, son naturales, finitos, y están llenos de nuestro yo real, que es el alma y el espíritu que perdurará para siempre en una dimensión muy diferente a la que experimentamos actualmente.

Saber cuál es ese destino final que la Biblia promete a los que son fieles y dignos de merecerlo debería ser el verdadero motivo para mantenernos puros; moralmente rectos y libres de la corrupción del pecado. Para eso es necesario que dependamos de Dios, obedeciéndole cada día para mantener una salud moral que corresponda a los estándares del Dios que nos llamó a representarlo aquí en la tierra.

Los grandes tecnólogos que han establecido el poder de la tecnocracia advierten que el Metaverso podría hacer "desaparecer la realidad actual" en la que viven los humanos. También les preocupa que el Metaverso "haga desaparecer la realidad" al crear un sistema en el que la gente no pueda simplemente alejarse de sus dispositivos para tener interacciones con el mundo real.

La idea es que el Metaverso podría crecer hasta un punto en el que impactaría esencialmente todas las áreas de la vida y sería casi imposible para la mayoría simplemente alejarse. Eso significa que muchos estarían expuestos constantemente a cualquier realidad falsa que los terceros les quieran mostrar, ya que habría una superposición de realidad aumentada.

Los planes del Metaverso son etiquetados como "distópicos" y "una mala idea"; es decir, como un universo imaginario que no existe. Básicamente la idea es que los humanos serían absorbidos por

la manipulación y el control mental de una manera irreal e ilusoria.

¿Cómo será el mundo cuando todos puedan elegir su propio avatar en el Metaverso, o más aún cuando puedan tomar la forma que más les parezca conveniente?

Ese fenómeno podría volverse repentinamente muy necesario con la llegada de este. Sería el ideal de un mundo virtual que se ha propagado durante mucho tiempo y que permitiría que un número ilimitado de usuarios deambule, juegue, aprenda, trabaje y, sí, compren todo lo que necesiten, basado en la distopía del engaño y la falsedad, en donde lograrían controlar, vigilar y manipular la mente de millones de seres humanos a escala global.

La palabra distopía es el antónimo de utopía; es una palabra que se usa para describir un mundo imaginario, el cual se recrea a través de imágenes, proyecciones o interacciones que no son reales, y que más bien se consideran indeseables y engañosas.

El científico Louis Rosenberg hablando acerca de la realidad aumentada alerta del 'lado oscuro' del Metaverso: "Nuestro entorno se llenará de personas inexistentes" Louis Rosenberg cree que desconectarse de la nueva multiplicidad virtual no será una opción, de tal forma que la realidad podría desaparecer por completo, pues los límites con lo ficticio serían imperceptibles. El científico informático que desarrolló el primer sistema de realidad aumentada cuando trabajaba en el Laboratorio de Investigación de la Fuerza Aérea de EE.UU., advierte en un artículo publicado en Big Think de los peligros potenciales que representa el Metaverso. El científico cree que la realidad aumentada se convertirá en esta década en el epicentro de todos los aspectos de la vida y se muestra preocupado por las consecuencias negativas del uso de esa enorme potencialidad por parte de los proveedores de plataformas. Una de sus mayores preocupaciones radica en el eventual uso de las potencialidades de la realidad aumentada para manipular el sentido de la realidad, reforzar las diferencias que ya nos dividen e imbuirnos cada vez más en una burbuja individual que nos aparte de la realidad colectiva. "La realidad aumentada y el Metaverso —explica Louis Rosenberg— son tecnologías de medios que tienen como objetivo presentar contenido de la forma más natural posible, integrando a la perfección imágenes, sonidos e incluso sentimientos simulados, en nuestra percepción del mundo real". "Nuestro entorno se llenará de personas, lugares, objetos y actividades que, en realidad, no existen y, sin embargo, nos parecerán profundamente auténticos", pronostica el científico.

Entonces, para entender todo esto, tecnólogos y tecnócratas esencialmente intentan crear un mundo virtual dentro de la existencia actual. En esta nueva plataforma virtual que se llama Metaverso, no habrá lugar para Dios. Sin embargo, habrá lugar para un dios falso, o al menos una imagen de un falso Mesías.

Cuán importante es poder notar que todo esto es un reacondicionamiento, para cumplir todo aquello que las profecías bíblicas nos han venido anunciando anticipadamente.

Apocalipsis 13:15 RVR1960
"Y se le permitió infundir aliento a la imagen de la bestia, para que la imagen hablase e hiciese matar a todo el que no le adorase".

Apocalipsis 13:15 NTV
"Luego se le permitió dar vida a esa estatua para que pudiera hablar. Entonces la estatua de la bestia ordeno que todo el que se negara a adorarla debía morir".

¿Es posible que dentro de este mundo virtual recién creado donde la gente trabajará, jugará, comprará y venderá, también puedan ser seducidos por la aparición de grandes señales y maravillas dentro de este nuevo Matrix?

Mateo 24:24 RVR1960
"Porque aparecerán falsos mesías y profetas y realizarán grandes señales y maravillas para engañar, si es posible, incluso a los elegidos".

Mateo 24:24 NTV
"Pues se levantarán falsos mesías y profetas y realizarán grandes señales y milagros para engañar, de ser posible, aun a los elegidos de Dios".

Para evitar ser engañado por los falsos mesías, debes entender que el regreso de Jesús será inconfundible y nadie dudará que es Él. Si alguien tiene que decirnos que el Mesías ya vino, quiere decir que no es verdad.

Apocalipsis 13:13 RVR1960
"E hizo grandes señales, incluso haciendo que descendiera fuego del cielo a la tierra a la vista del pueblo".

Una cosa es segura, hay algunas personas que no se venden en este mundo virtual del Metaverso, en donde las personas que ya son adictas a sus dispositivos electrónicos pueden ingresar y conectarse a un mundo distópico de pesadilla.

La realidad en la que el ser humano vive

ciertamente es real; Se nace, se vive y luego se muere y durante esos años que se le ha sido asignado se tiene vida.

Pero, ¿es real el tiempo que pasan en esta dimensión de tiempo y espacio, o hay algo aún más real de lo que estas experimentando ahora?

Un físico ha creado un algoritmo de inteligencia artificial (aprendizaje automático) que según el científico puede mostrar que la realidad actual no es más que una simulación.

Cuando surge una disyuntiva como esta, el seguidor de Cristo fiel y obediente, podría preguntarse cómo esto se relaciona con lo que la Palabra de Dios tiene que decir al respecto.

Si bien es obvio que no hay menciones directas de realidades alternativas y simulaciones creadas en los pasajes de las Escrituras, tal vez haya algunas alusiones interesantes a lo que está más allá de nuestro tiempo aquí en la Tierra.

Lo que sí sabemos con certeza es que Dios existe fuera de nuestro tiempo y espacio, y que el estado eterno es una realidad que abarca más dimensiones que nuestro mundo tridimensional actual.

Jesucristo hizo un comentario interesante cuando estaba de pie ante el gobernador romano, Pilato; *Jesús dijo que su Reino no era de este mundo.*

Juan 18:36 Biblia de estudio de Berea

"Jesús respondió: "Mi reino no es de este mundo; si lo fuera, Mis siervos lucharían para evitar Mi arresto por parte de los judíos. Pero ahora Mi reino no es de este reino "."

Juan 18:36 NTV

"Mi reino no es un reino terrenal. Si lo fuera, mis seguidores lucharían para impedir que yo sea entregado a los lideres judíos; pero mi reino no es de este mundo".

Jesús respondió que Él era un Rey, pero de un reino diferente; era un Rey que no había venido con un propósito político, sino para traer la verdad al mundo y revelar la Eternidad de Dios.

Al parecer, para Pilato no había duda de que Jesús decía la verdad y que no había cometido ningún delito. También parece que, a pesar de reconocer la verdad, Pilato decidió rechazarla.

Jesucristo no vino a hablar de algo imaginario, ni tampoco se ocupaba de la ficción, sino de los hechos; no hablaba de realidades inexistentes, sino de realidades infinitas. No hablo de opiniones, puntos de vista o de especulaciones, sino de verdades infalibles.

Es trágico no reconocer la verdad, pero es aún peor reconocer la verdad y pasarla por alto.

Hay dos opciones interesantes de palabras que se usaron en la interpretación griega original de los comentarios de Cristo:

Las palabras ***kosmos***, (mundo) y ***enteuthen*** (reino). El mundo ***kosmos*** es de donde obtenemos la palabra en inglés, cosmos, que según la definición del diccionario Merriam Webster significa *un universo sistemático ordenado y armonioso.*

La segunda palabra, ***enteuthen***, está definida por las Concordancias de Strong con el significado de "en el otro lado".

Entonces, juntando las dos palabras, obtenemos una imagen del Reino futuro de Cristo que está en otro lugar que no es éste (dimensión), y en un universo sistemático muy armonioso (sin pecado). **En otras palabras, es la verdadera realidad en lugar de una simulación.**

También aprendemos de varios pasajes de las Escrituras que actualmente vivimos en un mundo que es un "reflejo como en un espejo", y que estamos siendo "transformados a su imagen" para que un día podamos ver a Jesucristo "como realmente es Él".

1 Corintios 13:12
"Por ahora solo vemos un reflejo como en un espejo; luego veremos cara a cara. Ahora lo sé en parte; entonces conoceré plenamente, como soy plenamente conocido".

2 Corintios 3:18
"Y todos nosotros, que contemplamos con el rostro descubierto la gloria del Señor, somos transformados a su imagen con gloria cada vez mayor, que proviene del Señor, que es el Espíritu".

1 Juan 3:2
"Queridos amigos, ya somos hijos de Dios, pero él aún no nos ha mostrado cómo seremos cuando Cristo aparezca. Pero sabemos que seremos como Él, porque lo veremos como realmente es".

Estos pasajes significan que los seguidores de Cristo son cambiados y moldeados a diario para reflejar a su Señor y Salvador Jesucristo, y ser parte de su Reino en crecimiento -el Cuerpo de Cristo-, llamado la Iglesia.

También existe el significado paralelo de una realidad futura que será una realidad verdadera y eterna -el Estado Eterno-, en oposición a la corta duración por la que ahora luchamos a diario.

¿No es maravilloso saber que en esta realidad presente en la que parece que simplemente estamos persiguiendo el viento; ¿la vida puede volverse absolutamente significativa en todos los sentidos, a medida que pasa el viejo orden de cosas?

Eclesiastés 2:1 NTV
"Me dije: "Vamos, probemos los placeres. ¡Busquemos "las cosas buenas" de la vida!"; pero descubrí que eso también carecía de sentido".

Salomón llevó a cabo su búsqueda por el sentido de la vida común. *Probó el placer; emprendió grandes proyectos; compró esclavos, manadas y rebaños; acumuló riquezas; contrató cantores; tuvo muchas concubinas; y su fama se conoció por todo el mundo.*

Sin embargo, nada de esto lo pudo satisfacer. Al observar todo lo que había logrado con tanto esfuerzo, vio que nada tenía sentido, era como perseguir el viento. No había absolutamente nada que valiera la pena en ninguna parte.

Algunos de los placeres que buscó Salomón eran incorrectos y algunos eran legítimos; pero incluso estos últimos resultaron ser vanos cuando fue tras ellos. Debes examinar las razones que motivan tus acciones.

¿Es tu meta buscar el sentido de la vida o buscar a Dios, quien da sentido a la vida?

El Salmo 127:1 se cree que fue escrito por Salomón: "Si el Señor no construye la casa, el trabajo de los constructores es una pérdida de tiempo. Si el Señor no protege la ciudad, protegerla con guardias no sirve para nada. Todo esto es el resultado acerca de lo que le sucede a un reino o una familia que se olvida de Dios".

¿Cuándo examinas tus metas o proyectos analizas cuál es tu punto de partida? Es decir, ¿tu verdadera motivación? Si Dios no es tu base, nada de lo que hagas tendrá sentido.

Eclesiastés 2:11-12
"Sin embargo, cuando examiné todo lo que habían hecho mis manos y lo que me había esforzado por lograr, todo carecía de sentido, una persecución del viento; nada se ganó bajo el sol. Pero al observar todo lo que había logrado con tanto esfuerzo, vi que nada tenía sentido; era como perseguir el viento. No había absolutamente nada que valiera la pena en ninguna parte".

Salomón describió sus muchos intentos por encontrar el sentido de la vida, como lo era para él, perseguir el viento. Puedes sentir el viento, pero no puedes atraparlo y quedarte con él. En todos tus logros, incluso los más significativos, el sentimiento de satisfacción está sólo en lo temporal. La seguridad y el valor propio no se encuentran en estos logros, sino en el amor de Dios.

Piensa por un momento en lo que tú consideras que es valioso, o sea, en qué inviertes tu tiempo, tus energías y tu dinero. Cuando examinas tu vida, ¿Llegarás a la conclusión de qué también estabas persiguiendo el viento?

Más en medio de todas estas realidades en que viven la mayoría de los hombres, Dios establece para todos aquellos que confíen plenamente en Él, grandes y extraordinarias promesas por medio de su poderosa Palabra.

Apocalipsis 21:4
Enjugará Dios toda lágrima de los ojos de ellos; y ya no habrá muerte, ni habrá mas llanto, ni clamor, ni dolor; porque las primeras cosas pasaron.

¿Te has preguntado cómo será la eternidad?

El Apocalipsis describe la ciudad Santa, la nueva Jerusalén, como un lugar donde no habrá más muerte, ni tristeza, ni llanto, ni dolor. Lo que tú estés experimentando en estos momentos no es comparable con lo que experimentarás en la eternidad con Dios.

Dios escribió el capítulo final de Apocalipsis en donde describe la alegría eterna que experimentaran los que le han amado y fueron fieles. Si, esa eternidad será maravillosa más de lo que puedes llegar a pensar en estos momentos. Es una gran esperanza para todo creyente y también provee mucho ánimo y fortaleza. Recuerda esto, nunca habrá lágrimas en el cielo; nada será triste, frustrante, deficiente o erróneo.

Todo lo que se necesita es aceptar el regalo gratuito de la salvación y permitir que Jesucristo se convierta en tu Señor y Salvador.

Esta es la razón por la que a la mayoría de los fieles creyentes les agrada creer que hay una mejor manera que una falsa realidad del Metaverso.

Debes de entender que existe un verdadero lugar que está mucho más allá de tu realidad actual, que Dios ha prometido, y que ni siquiera podrás entenderlo a pleno en estos momentos. Un lugar donde solo se te ha dado el tener la oportunidad de conocer lo que te aguarda, mientras lo lees en su Palabra revelada; si, sus calles de oro, un mar de cristal y puertas que brillan con esmeraldas. Esto es lo que Dios nos ha prometido, como está escrito:

1 Corintios 2:9 RVR1960

"Antes bien, como está escrito: Lo que ningún ojo vio, lo que ningún oído oyó, y lo que ninguna mente humana concibió", las cosas que Dios ha preparado para los que lo aman.

1 Corintios 2:9-10 NTV

"A eso se refieren las escrituras cuando dicen: ningún ojo ha visto, ningún oído escuchado, ninguna mente ha imaginado lo que Dios tiene preparado para quienes lo aman. Pero fue a nosotros a quienes Dios reveló esas cosas por medio de su Espíritu. Pues su Espíritu investiga todo a fondo y nos muestra los secretos profundo de Dios".

El Apóstol Pablo quería explicar qué la sabiduría de este mundo es incapaz de descubrir las cosas de Dios; que la mente natural y carnal es incapaz de discernir las profundas grandezas espirituales de la fe más santa. Queda claro en los versículos que él enseña que las cosas de Dios no pueden ser comprendidas por los ojos, los oídos, y el corazón, sino que deben ser reveladas por el Espíritu de Dios, como Él las revela a todos los creyentes verdaderos.

La verdad de Dios no se descubre por mediación de los sentidos de la percepción humana, ni por conclusiones racionales. Es de entender que muchas veces no puedes ni siquiera pensar todo lo que Dios tiene reservado para ti en esta vida y la gran promesa de que vivirás con Él para siempre. Cuán importante saber acerca del futuro maravilloso que te espera. Esto crea en ti esperanza para seguir adelante en esta vida, amándole cada día más, para poder soportar las dificultades y evitar que cedas ante la tentación. Este mundo no lo es todo, existe algo aún más real.

Apocalipsis 21:10-11 RVR1960

"Y me llevó en el Espíritu a un monte grande y alto, y me mostró la Ciudad Santa, Jerusalén, que descendía del cielo de Dios. Brillaba con la gloria de Dios, y su brillo era como el de una joya muy preciosa, como un jaspe, claro como el cristal".

Apocalipsis 21:10-11 NTV

"Así que me llevó en el Espíritu a una montaña grande y alta, me mostró la ciudad santa, Jerusalén, que descendió del cielo, desde la presencia de Dios. Resplandecía de la gloria de Dios y brillaba como una piedra preciosa, como un jaspe tan transparente como el cristal. La muralla de la ciudad era alto y ancho, y tenía 12 puertas vigiladas por 12 ángeles".

El resto de este capítulo es una descripción impactante de la nueva ciudad de Dios. La visión nos muestra que nuestro nuevo hogar con Dios será indescriptible. No nos decepcionará de ninguna manera. Creo que elegirás el cielo eterno; el hogar del creador de toda la creación y la verdadera realidad del tiempo y el espacio para los que todos fuimos creados.

¿Por qué conformarse con una imitación barata de la realidad falsa y engañosa, que intenta producir seductoramente el Metaverso?

Es mi oración al Señor de toda gloria y poder, para que cada uno de los que están leyendo este libro, sientan una profunda convicción de parte del Espíritu Santo, para discernir el mensaje plasmado en el mismo.

1 Juan 3:1-2
"Mirad cuál amor nos ha dado el Padre, para que seamos llamados hijos de Dios; por esto el mundo no nos conoce, porque no le conoció a él. ²Amados, ahora somos hijos de Dios, y aún no se ha manifestado lo que hemos de ser; pero sabemos que cuando él se manifieste, seremos semejantes a él, porque le veremos tal como él es."

La vida cristiana es el proceso en el que los creyentes se vuelven cada vez más semejantes a Cristo y la esperanza del creyente es fortalecida por el hecho de que el amor de Dios inició su salvación. El regreso de Cristo a unido al creyente con el Padre Celestial quien ama a sus hijos con amor inmensurable.

Juan expresa su admiración impactado por el amor de Dios para los creyentes que lo motivó a convertirlos en hijos suyos. Tras haber nacido de nuevo se les dio una naturaleza nueva de origen celestial, de tal modo que pueden desplegar una naturaleza y un estilo de vida semejante al de su Señor y Salvador. Es una naturaleza por completo ajena y extraña para los no salvos por lo cual parece de otro mundo.

Por ende, no es sorprendente que en las escrituras se describa a los cristianos como peregrinos y extranjeros, de paso por el mundo. El Señor Jesús no tuvo origen terrenal y lo mismo puede decirse de aquellos que nacen de nuevo. Nuestra vida transformada y verdadera todavía no ha sido manifestada.

Romanos 8:29-30 NTV
"Pues Dios conoció a los suyos de antemano y los eligió para que llegaran a ser como su Hijo, a fin de que su Hijo fuera el hijo mayor entre muchos hermanos. 30 Después de haberlos elegido, Dios los llamó para que se acercaran a él; y una vez que los llamó, los puso en la relación correcta con él; y luego de ponerlos en la relación correcta con él, les dio su gloria".

El propósito de Dios para los creyentes es hacerlos semejante a Cristo. A medida que llegas a ser más como Él, descubrirás tu verdadera identidad, el propósito para el cual fuiste creado y redimido.

¿Cómo puedes llegar a ser como Cristo?

Leyendo y estudiando la Palabra de Dios, colocando en práctica sus enseñanzas; teniendo plena comunión por medio de la oración, estando llenos de su Espíritu Santo, llevando a cabo su obra en este mundo. Dios permite que todas las cosas resulten de acuerdo con su plan divino. Ese proceso no estará completo hasta que lo veamos cara a cara, tal como es Él.

1 Corintios 13:12 NTV

"Ahora vemos todo de manera imperfecta, como reflejos desconcertantes, pero luego veremos todo con perfecta claridad. Todo lo que ahora conozco es parcial incompleto, pero luego conoceré todo por completo, tal como Dios ya me conoce a mí completamente".

Filipenses 3:21 NTV

"El tomará nuestro débil cuerpo mortal y lo transformará en un cuerpo glorioso, igual al de él. Lo hará valiéndose del mismo poder con el que pondrá todas las cosas bajo su dominio".

La expresión de "vil cuerpo mortal" no refleja una actitud negativa hacia el cuerpo humano. Sin embargo, el cuerpo que recibirás cuando seas levantado de los muertos o transformado en un abrir y cerrar de ojos, será glorioso, tal como el cuerpo resucitado de Cristo. Los que luchan con el dolor, las limitaciones físicas o la incapacidad pueden tener una maravillosa esperanza en la resurrección.

El cuerpo resucitado y transformado, será mejor de lo que puedes llegar a pensar, ya que será hecho para vivir para siempre. Todavía tendrás tu personalidad e individualidad, pero en un estado perfecto por medio de la obra de Cristo. La Biblia no te revela todo lo que tu cuerpo será capaz de hacer, mas no tendrá dolencias, ni enfermedades, ni debilidades, nunca más morirá de nuevo.

Maranatha
Ven Señor Nuestro.

Bibliografía

Biblia de Estudio Arco Iris. Versión Reina-Valera, Revisión 1960, Texto bíblico copyright© 1960, Sociedades Bíblicas en América Latina, Nashville, Tennessee, ISBN: 1-55819-555-6.

Biblia Plenitud. Versión Reina-Valera, Revisión 1960, ISBN: 089922279X, Editorial Caribe, Miami, Florida.

Strong James, LL.D, S.T.D., *Concordancia Strong Exhaustiva de la Biblia*, Editorial Caribe, Inc., Thomas Nelson, Inc., Publishers, Nashville, Tennessee - Miami, FL, EE.UU., 2002. ISBN: 0-89922-382-6.

Biblia Anotada por Scofield, 1960 Revisión Reina-Valera Copyright © 1987 Publicaciones Españolas. (Scofield Bible)

Vine, W.E. *Diccionario Expositivo de las Palabras del Antiguo Testamento y Nuevo Testamento. Editorial Caribe, Inc. /División Thomas Nelson, Inc., Nashville, TN, ISBN: 0-89922-495-4, 1999. (Vine's Expository Dictionary of Old and New Testament Words, Thomas-Nelson, Inc.)*

La Biblia de Referencia Thompson, Versión Reina-Valera 1960 copyright © 1987 The B.B. Kirkbride Bible Company, Inc. Y Editorial Vida, Miami, FL. ISBN: 0829714448 (original The Thompson Chain Reference © 1983 The B.B. Kirkbride Bible Company, Inc., Indianapolis, Indiana.)

El Metaverso

Blue Letter Bible. Sowing circle. ⟨http://blueletterbible.org⟩

Biblia Nueva Traducción Viviente. *Tyndale*

Biblia de Estudio MacArthur

La Biblia de Estudio de Charles Spurgeon

"The Gospel Avatar" *David Hunt*

Comentario *Tom Horn – skywatchtv.com*

"El Avatarianismo y el Peligro del Metaverso" *Scott Lively*

Otras Obras de JVH Pubications

Otras Obras de JVH Pubications

Otras Obras de JVH Publications

Otras Obras de JVH Publications

Otras Obras de JVH Publications

Drs. Jose & Lidia Zapico

Maldición y Bendición

Alineándote con Dios

www.ingramcontent.com/pod-product-compliance
Lightning Source LLC
Chambersburg PA
CBHW060514100426
42743CB00009B/1306